TRAITÉ

Théorique et Pratique

d'Harmonie et de Composition

Musicales

Par l'Abbé

F.º ANDREVI

Maître de Chapelle (par Concours) à Barcelonne et des Cathédrales de Segorbe, Tarragone, Valencia, Seville, à Madrid Maître de Musique de la Chapelle Royale d'Espagne et en France de la Cathédrale de Bordeaux &.ª

Dédié au Doyen des Virtuoses

ALEXANDRE — BOUCHER,

Directeur de Musique des Chambres Royales d'Espagne, Compositeur, Chef d'Orchestre et Violon P.ʳ en plusieurs Cours, Membre d'Honneur d'Académies &.ª &.ª

Prix 15.ᶠ net.

PÉRISSE FRÈRES, LIBRAIRES-ÉDITEURS

PARIS,	LYON,
Nouvelle Maison, Rue du Petit Bourbon N.º 18.	Ancienne Maison Grande Rue Mercière, N.º 33.
Angle de la Place S.ᵗ Sulpice.	en face de l'Allée Marchande

et chez les Principaux Éditeurs de Musique

1848

PRÉFACE.

En publiant le traité d'harmonie et de composition que j'ai écrit exprès pour mes élèves, je n'ai eu d'autre but que de mettre à la portée de tout le monde la connaissance simplifiée des rè_gles de cet art. Je me flatte d'avoir aplani les difficultés que leur étude offre aux amateurs. Je leur montrerai la composition correcte de la musique libre, ainsi que la composition imitative et expressive, en me servant à la fois des règles de l'école ancienne et de celles de l'école moderne.

Cet ouvrage est divisé en sept parties :

La 1ʳᵉ Partie contient tout ce qui concerne l'Harmonie.

La 2ᵈᵉ, le Contrepoint.

La 3ᵐᵉ, les Accords dissonans et la Modulation.

La 4ᵐᵉ, les notes principales et accidentelles de l'Harmonie.

La 5ᵐᵉ, la Mélodie et l'Imitation.

La 6ᵐᵉ, le Contrepoint double ou renversable, le Canon, la Fugue et le Genre fugué.

La 7ᵐᵉ, l'Instrumentation.

TRAITÉ

THÉORIQUE ET PRATIQUE D'HARMONIE ET DE COMPOSITION.

PREMIERE PARTIE

INTRODUCTION.

ARTICLE I.

DES CLEFS.

La clef sert, dans la Musique, à déterminer le nom des notes.

Il y a trois clefs, savoir : la clef d'*Ut* ▤ (*Do*), la clef de *Sol* 𝄞 et la clef de *Fa* 𝄢.

La clef d'*Ut* ou de *Do* se place sur les première, seconde, troisième et quatrième lignes de la portée musicale ; la clef de *Sol* se place sur la seconde ligne, et la clef de *Fa*, sur les troisiè_ me et quatrième lignes de cette portée. (Ex : 1.)

Dans la musique moderne, la clef de *Do* sur la seconde ligne et celle de *Fa* sur la troisième ne servent que pour la transposition.

Quelques Compositeurs, au lieu de la clef de *Do* pour les voix de Soprano, Contralto et Ténor, emploient la clef de *Sol*. Cela n'offre aucune difficulté pour le Soprano ; mais pour le Ténor, il y a l'inconvénient de le faire chanter une octave au-dessous de ce qui est écrit.

ARTICLE II.

DE LA GAMME.

La gamme est composée de cinq tons et de deux demi-tons majeurs. Gamme du mode majeur. (Ex : **2**.)

D'après cet exemple, on voit que la gamme procède d'abord par deux tons et un demi-ton majeur et ensuite par trois tons et un demi-ton.

Dans l'Harmonie chacun des sons qui composent la gamme, porte son numéro d'ordre et prend son nom de la place qu'il y occupe.

Suivant ce principe, la première note de la gamme soit majeure, soit mineure, porte le nom de *Tonique*, la deuxième s'appelle *Seconde*; la troisième, *Médiante*; la quatrième, *Sousdominante*; la cinquième, *Dominante*; la sixième, *Sixte*; et la septième, *Sensible*.

Chaque gamme *Majeure* a sa *Mineure* relative qui se trouve une tierce au-dessous. (Ex : **3**. Let : A.)

Dans la gamme *Mineure* la septième ou sensible , devient *Majeure* au moyen d'un ♯ dièze ou d'un ♮ bécarre, toutes les fois que l'on monte à l'octave. On a coutume aussi d'altérer la *Sixte*, afin d'éviter l'intervalle de seconde augmentée surtout dans les mouvements vifs. Dans ce cas, le mode *Mineur* ne diffère du mode *Majeur* que par la Tierce ou Médiante. (Let : B.)

La *Tierce* et la *Sixte majeures* sont les notes caractéristiques du mode majeur : la *Tierce* et la *Sixte mineures* sont les caractéristiques du mode mineur.

La gamme Chromatique n'est que la gamme diatonique subdivisée en demi-tons.(Ex:4.) Cet exemple nous présente la gamme avec la même division que le clavier du piano:les grandes notes indiquent les touches blanches,et les petites marquent les touches noires, c'est-à-dire,les demi-tons que l'art y a introduits.

Il suit de là que la gamme ou octave, renferme douze demi-tons adoptés dans le système moderne, qui peuvent être pris pour base soit du mode majeur, soit du mode mineur.

Le nombre des Bases ou toniques différentes contenues dans l'octave s'élève jusqu'à vingt-et-une; mais,comme plusieurs d'entr' elles sont homologues,et afin d'éviter l'inconvénient d'un grand nombre d'accidens à la clef,on ne se sert que de celles qui sont comprises dans(l'Ex:5.)pour le mode majeur(Let:A.)pour le mode mineur(Let:B.)

CHAPITRE I.

ARTICLE I.

DES INTERVALLES.

L'*Intervalle* est la distance qui existe entre les sons.Ordinairement on les compte en montant, c'est-à-dire,de bas en haut ;et le nombre qui représente le son le plus aigu par rapport au plus grave, donne le nom à l'intervalle.

Les intervalles se nomment: diminué, mineur, majeur, juste, augmenté.

L'intervalle le plus petit que notre ouïe est capable d'appré_
cier s'appelle demi-ton. Il y a deux sortes de demi-tons, savoir:
le demi-ton majeur ou diatonique et le demi-ton mineur ou chromatique. On appelle demi-ton majeur deux notes de nom différent,
telles que *Mi Fa*, et *Sol La bémol*, (Ex: 6. Let: A) et demi-ton mineur
deux notes de même nom, telles que *Fa*, *Fa dièze*, *Sol*, *Sol bémol* &(Let: B.)

Le ton se compose de la réunion de ces deux demi-tons. (Let: C.)

On doit observer que, quoique dans la pratique, on ait adopté
que le même son sert pour le *Fa* ♯ et le *Sol* ♭, dans la théorie nous
sommes obligés à suivre l'écriture musicale, et pour cela même à
distinguer deux espèces de demi-tons; c'est-à-dire, le majeur et
le mineur. Si on n'admet pas cette distinction, on tombe dans des
contradictions continuelles, et l'étude de l'harmonie se réduit
à une pratique confuse et presque incompréhensible, au lieu
d'être, comme elle l'est de fait, une science certaine, facile
et courte.

Tableau renfermant tous les intervalles avec leurs ren_
versements. (Ex: 7.)

Les intervalles consonnans sont: la tierce mineure et la
tierce majeure, la quarte, la quinte, la sixte mineure, la sixte
majeure et l'octave. (Ex 8)

La quarte juste est une consonnance faible.

On ne s'en sert que dans certains cas dont on parlera par
la suite.

Tous les autres intervalles sont dissonans.

La tierce et la sixte sont des consonnances imparfaites; la quinte et la quarte sont parfaites; l'octave est très parfaite; mais plus ces intervalles sont parfaits, moins ils sont harmoniques.

La quarte juste, la quinte et l'octave portent le nom de consonnances parfaites, parceque la moindre altération dans l'une des deux notes dont elles sont composées les changerait en dissonances, tandis que la tierce et la sixte que l'on appelle consonnances imparfaites, peuvent être majeures ou mineures sans cesser pour cela d'être des consonnances.

En harmonie la neuvième est considérée comme seconde, lorsqu'elle n'est pas un retard de l'octave; la dixième, comme une tierce; la onzième, comme une quarte. etc.

Afin de ne pas confondre deux intervalles différents qui portent le même nombre de demi-tons, l'on doit observer si ceux-ci sont majeurs ou mineurs. Nous voyons que la seconde augmentée contient deux demi-tons mineurs et un demi-ton majeur, tandis que la tierce diminuée, qui semblerait devoir être plus considérable, ne contient que deux demi-tons majeurs. Cette même seconde augmentée, ainsi que la tierce mineure contiennent chacune trois demi-tons; quoique la seconde aug-mentée *Do Ré* ♯ (dieze) soit dissonante, et que la tierce mineure *Do Mi* ♭ (bémol) soit consonante. Il est donc évident que ces deux intervalles sont d'une qualité différente, bien qu'on les trouve confondus aux mêmes touches du piano. Il en est de même pour la quinte augmentée et la sixte mineure.

Tous les intervalles altérés sont dissonants. On les désigne sous le nom d'attractifs, parcequ'ils forment des tonalités différentes, et qu'ils font subir une sorte d'anxiété au sens musical jusqu'à leur résolution.

Les personnes studieuses ne devront pas se contenter de lire et de comprendre cet Article; elles devront aussi savoir le pratiquer et, dans ce but, il leur sera fort utile d'écrire l'un après l'autre tous les intervalles sur chacun des sept sons de la gamme, avec les dièzes, les bémols et les bécarres. Cet exercice fait avec réflexion, les mettra à même de décider avec assurance une question musicale quelconque. L'expérience m'ayant fait sentir l'importance de cet exercice, je recommande instamment à mes lecteurs de le bien retenir dans leur mémoire, s'ils veulent faire des progrès dans l'étude de l'Harmonie.

ARTICLE II.

RENVERSEMENT DES INTERVALLES.

Le *Renversement* des intervalles consiste à transporter à une octave haute ou basse l'une des deux notes composant un intervalle, tandis que l'autre reste immobile. Suivant ce principe, il est évident que l'intervalle majeur qui a été renversé, devient mineur; l'intervalle mineur devient majeur; l'intervalle augmenté devient diminué, et le diminué devient augmenté. Il n'y a que les intervalles parfaits qui restent parfaits; tels sont la quarte juste qui devient quinte juste, et celle-ci renversée devient quarte juste.

Quand au numéro représentant chaque intervalle, il change toujours en sens inverse, et par conséquent

L'Unisson renversé devient.......8ᵛᵉ

2ᵉ idem....................7ᵐᵉ

3ᶜᵉ idem....................6ᵗᵉ

4ᵗᵉ idem....................5ᵗᵉ

5ᵗᵉ idem....................4ᵗᵉ

6ᵗᵉ idem....................3ᶜᵉ

7ᵐᵉ idem....................2ᵉ

et l'8ᵛᵉ idem....................1ʳᵉ

CHAPITRE II.

DU MOUVEMENT DES PARTIES.

On appelle mouvent harmonique des parties, la marche d'une partie soit seule, soit comparée avec une autre.

On distingue trois mouvements, savoir : le *direct*, le *contraire*, et l'*oblique*.

Dans le mouvement *direct* ou *semblable*, les parties marchent en montant ou en descendant toutes ensemble. (Ex: 9. Let: A.)

Dans le mouvement *contraire*, qui est le plus riche, une des parties monte tandis que l'autre descend. (Let: B.)

Dans le mouvement *oblique*, une partie marche dans tous les sens, pendant que l'autre reste immobile. (Let: C.)

CHAPITRE III.

DES OCTAVES ET DES QUINTES DÉFENDUES.

On défend en composition la succession de deux quintes et de deux octaves par mouvement direct.

On évite ces octaves ou quintes défendues par le mouvement contraire ou oblique. Ceci est facile à dire; mais, comme dans la pratique, il se présente des cas où il n'est pas possible d'éviter les quintes, pas plus que les octaves cachées, on a fait quelques exceptions.

Règle générale : Entre deux parties extrêmes des compositions à trois ou à quatre parties, les quintes et les octaves cachées sont permises, pourvu que la partie haute monte ou descende d'une seconde et que la partie grave monte ou descende d'une quarte ou d'une quinte. (Ex: 10. Let: A.)

L'usage des autres n'est permis qu'entre les parties du milieu.

Toutes les fois qu'on ne se conformera pas à ces règles, on fera des fautes. (Let: B.)

Dans la (Let: C.) on suppose deux octaves, mais dans la (Let:D.) elles sont sauvées, parceque c'est le *Mi* qui domine.

L'on admet deux ou plusieurs octaves de suite, lorsque le Compositeur se propose de suspendre momentanément l'idée de l'harmonie, pour la reprendre de nouveau. (Ex: 11.)

Quant à la quinte diminuée, il est permis d'y aller n'importe par quel intervalle au moyen du mouvement semblable, en des_cendant. (Ex: 12. Let: A.) Mais en montant, on le permet seulement en faisant marcher par degrés conjoints une des parties.(Let:B.)

CHAPITRE IV.

DES ACCORDS CONSONNANTS ET DIMINUÉS.

ARTICLE I.

DES ACCORDS.

L'on appelle *Accord* l'union simultanée de plus de deux sons.

L'accord composé de la tierce et de la quinte juste, ainsi que leurs renversements, est consonnant. Tous les autres sont plus ou moins dissonants.. Voyez le tableau général des Accords. (Ex: 13.) Accord parfait majeur. (Let: A.) Accord parfait mineur. (Let: B.) Quinte diminuée.(Let: C.) Septième dominante ou de première espèce.(Let:D.) Septième de sensible.(E.) Septième diminuée.(F.) Neuvième majeure.(G.) Neuvième mineure.(H.)

Nous parlerons dans la suite des accords qui doivent se préparer ; comme ceux de septième de seconde espèce.(Let:I.) Septième de troisième espèce, du mode mineur.(J.) Septième de quatrième espèce. (K.) Neuvième.(L.) Quarte dissonan_te ou de passage. (M.)

ARTICLE II.

DES ACCORDS CONSONNANS OU PARFAITS.

Les accords parfaits majeur et mineur ont pour notes extrêmes la quinte juste. C'est pour cela qu'ils impriment le repos dans l'oreille, et qu'on les emploie pour commencer et pour finir un morceau de musique.

ARTICLE III.

DE L'ACCORD DIMINUÉ.

Il semble que l'accord de quinte diminuée devrait être placé parmi les accords consonnants, puisqu'on le peut également dans les marches, soit en montant soit en descendant. Il n'en est pas cependant ainsi, car vû son imperfection, il ne sert ni pour le commencement ni pour la fin d'une pièce de musique, nous faisant désirer quelque chose de plus positif, c'est-à-dire, sa résolution, en faisant monter la Basse de la septième à la tonique, et en fai_ sant descendre la quinte diminuée de la quarte à la tierce.

Les trois accords parfait majeur, parfait mineur et celui de quinte diminuée doivent être regardés comme le principe de tous les autres, et comme la source de toutes les compositions harmoniques. Pour s'en convaincre, qu'on examine une composition quelconque, en dépouillant l'harmonie de tous ses accessoires, on verra que sa partie essentielle se réduit aux trois accords sus-dits.

L'accord parfait majeur se trouve aux 1ᵉʳ, 4ᵉ et 5ᵉ degrés d'une gamme majeure (Ex: 14. A.) L'accord parfait mineur se trouve aux 2ᵉ, 3ᵉ et 6ᵉ degrés de la même gamme. (B.)

Les six premiers degrés de chaque gamme nous présentent six accords parfaits, c'est-à-dire, trois majeurs et trois mineurs réduits à deux essentiellement différens l'un majeur et l'autre mineur.

L'accord de quinte diminuée se trouve au septième degré ou note sensible (C.), de même dans la gamme mineure, l'accord parfait mineur se trouve aux 1ᵉʳ 4ᵉ et 5ᵉ degrés. (D.) L'accord parfait majeur se trouve aux 3ᵉ, 6ᵉ et 7ᵉ degrés (E.) Mais, comme on élève d'un demi-ton la septième toutes les fois qu'elle monte à l'octave, avec cette altération l'accord diminué se trouve aux 2ᵉ et 7ᵉ degrés, ou note sensible. (F.)

L'accord diminué renferme les deux notes de la gamme auprès desquelles se trouvent les deux demi-tons. Toute gamme devant avoir les deux demi-tons placés toujours au même endroit, l'accord diminué servira à indiquer la gamme où l'on se trouve; et comme il a par lui même une tendance au mouvement, il servira aussi d'intermédiaire pour passer d'une gamme à une autre.

En effet, si nous voulons passer de la gamme de *Do* à celle de *Sol*, l'accord intermédiaire pour passer du ton de *Do* à celui de *Sol*, sera précisément celui de quinte diminuée, ou l'accord diminué, lequel se trouve toujours au septième degré de la nouvelle gamme à laquelle on veut passer . Je suppose que je suis à la gamme de *Do*, je vois que l'accord diminué me présente la septième de la gamme, et qu'à partir de celle-ci, je trouve les deux tier_ces mineures dont il est formé, je prends la septième de *Sol* qui est la nouvelle gamme où je dois passer . Cette septième est le *Fa* ♯. Une fois connue, je lui applique l'accord diminué qui me donne *Fa* ♯, *La*, *Do*, lequel me porte immédiatement au ton de *Sol* où je voulais passer . (Ex: 15. Let: A.)

Le même procédé nous servira pour revenir du ton de *Sol* au ton de *Do*, ainsi qu'on peut le voir . (Let: B.)

Tous les accords servant à moduler, contiennent l'accord diminué, comme on le verra plus loin ; autrement s'il n'en fai_sait pas partie, ces accords ne produiraient pas leur effet. L'ac_cord diminué ou accord de quinte diminuée, doit donc être regardé comme le principe ou l'élément intrinsèque et essentiel de la modulation ou du passage d'un ton à un autre.

L'impression que les deux notes formant l'accord diminué, produisent dans notre oreille est telle, que ces notes se font distinguer clairement même au milieu d'autres sons . Il suit de là que toute combinaison harmonique qui les contient, doit obéir à leur empire, et suivre leur impulsion comme si elles étaient isolées, sans égard pour les autres sons qui les environnent.

Il y a six autres accords qui, bien que différents par leur forme extérieure, peuvent être regardés comme un seul accord avec celui de quinte diminuée, puisqu'ils ont un élément com_mun qui les oblige tous à procéder de même .

Prenons, par exemple, l'accord de quinte diminuée *Si*, *Ré*, *Fa*, (Ex: 16. Let: A.) appliquons-lui une tierce majeure au-dessous, (B.) et nous aurons l'accord *Sol*, *Si*, *Ré*, *Fa*, que l'on appelle *Septième de Dominante*, composé de trois tierces dont la première est majeure et les deux autres mineures.

Il est donc évident que la quinte diminuée fait partie de la *Septième de Dominante*, comme sa partie supérieure.

Prenons encore la quinte diminuée, (C.) et appliquons-lui au-dessus une tierce majeure, (D.) nous obtiendrons l'accord *Si*, *Ré*, *Fa*, *La*, appelé *Septième de Sensible*, composé de trois tierces dont les deux premières sont mineures, et la dernière est majeure.

(Nous parlerons plus tard de la Septième de troisième espèce qui appartient au mode mineur.)

La quinte diminuée entre dans cet accord comme portion inférieure.

Prenons toujours la quinte diminuée, (Let:E.) appliquons y une tierce mineure pour la partie supérieure, (F.) et nous obtiendrons l'accord *Si*, *Ré*, *Fa*, *La* ♭, appelé *Septième diminuée*, composé de trois tierces mineures.

Unissons la *Septième Dominante* (G.) avec la *Septième de Sensible*, (H.) et nous obtiendrons l'accord *Sol*, *Si*, *Ré*, *Fa*, *La*, (I.) appelé *Neuvième Majeure*, composé de quatre tierces dont la première et la dernière sont majeures et les deux autres mineures.

Enfin unissons la *Septième de Dominante* (J.) avec la *Septième diminuée*, (K.) et nous obtiendrons l'accord *Sol*, *Si*, *Ré*, *Fa*, *La* ♭, (L.)

appelé *Neuvième mineure*, composé de quatre tierces dont la première est majeure et les trois autres sont mineures.

Il suit de là que l'accord de quinte diminué peut se présenter

1º Isolément, c'est-à-dire, dans la quinte diminuée. *Si, Ré, Fa;*

2º Dans la Septième de dominante............ *Sol, Si, Ré, Fa;*

3º Dans la Septième de sensible.................*Si, Ré, Fa, La;*

4º Dans la Septième diminuée.................*Si, Ré, Fa, La♭*

5º Dans la Neuvième majeure.................*Sol, Si, Ré, Fa, La;*

6º Dans la Neuvième mineure.................*Sol Si, Ré, Fa, La,*

Ces six accords contenant tous les deux notes sensibles *Si*, *Fa*, peuvent être désignées sous le nom générique d'accords sensibles, pouvant se prendre l'un pour l'autre.

Les accords parfaits servent à donner ou établir le ton, et les accords sensibles servent à passer d'un ton à un autre.

D'après ces exemples on voit clairement que pour passer d'une gamme dans une autre, ou d'un accord dans un autre, le moyen le plus simple c'est de se servir d'un accord sensible quelconque.

Lorsqu'on fait le passage soit par la *Septième de Dominante*, soit par la *Neuvième majeure ou mineure*, l'on prend pour Basse la quinte de la gamme où l'on veut passer. (Ex : 17. A.B et C.)

Lorsqu'on le fait au moyen de la *Septième diminuée*, de la *Septième de sensible*, ou de la *Quinte diminuée*, on prend pour Basse la septième de la gamme où l'on veut passer. (D et E.)

Dans tous les accords sensibles, la note fondamentale est la quinte où l'on veut passer.

CHAPITRE V.

DU RENVERSEMENT DES ACCORDS._DES ACCORDS ALTÉRÉS._DE LA BASSE FONDAMENTALE._DE LA BASSE CONTINUE._DE LA BASSE CHIFFRÉE.

ARTICLE I.

DU RENVERSEMENT DES ACCORDS.

Le *Renversement* des accords consiste dans le changement de l'ordre des sons qui composent les accords et dans les parties qui composent l'harmonie.

Quoique les intervalles qui font partie de la composition d'un accord, prennent la position qu'il convient au Composi_teur de leur donner, cependant l'accord ne change pas. Le renversement se rapporte à la Basse et le changement de posi_tion, aux voix. (Ex: 18.) 1re *Position* (Let: A.) 2e *Position.* (Let: B.) 3e *Position* (Let: C.)

Il y a dans tous les accords un ordre fondamental et naturel qui est celui de la génération de l'accord lui-même; mais, les circonstances d'une succession, le goût, l'expression, la beauté du chant et la variété forcent souvent les Compositeurs à chan_ger cet ordre et, par conséquent la disposition des parties.

Prenons l'accord *Do, Mi, Sol,* que l'on appelle accord fondamen_tal; transportons la première note *Do,* à l'octave haute, en laissant à leur place la tierce *Mi* et la quinte *Sol*; et alors, au lieu de *Do, Mi, Sol*, 1, 3, 5 accord fondamental, nous aurons *Mi, Sol, Do*, 1, 3, 6 premier renversement. (Let: D)

Transportons également la première note *Do* et la tierce *Mi*, en laissant à sa place la quinte *Sol*, et, au lieu de *Do, Mi, Sol*, 1, 3, 5, accord fondamental, nous aurons *Sol, Do, Mi*, 1, 4, 6, second renversement de l'accord primitif. (Let: E)

Il est donc évident que chacune des trois notes de l'accord fondamental peut servir de Basse.

Dans l'accord direct la basse est *Do*, première note de l'accord fondamental, (F) dans le premier renversement, la basse est *Mi*, tierce de l'accord fondamental; (G) et dans le second renversement la basse est *Sol*, ou la quinte du même accord. (H)

L'accord, dans son état primitif ou fondamental, se chiffre avec 5; dans son premier renversement, avec le chiffre 6, et dans son second renversement, avec les chiffres 4 et 6.

Les renversemens d'un accord ne changent jamais de nature; ce ne sont que des modifications de ce même accord. C'est pour cela que le même exemple. (Let: F. G. H.) ne présente qu'un seul accord sous trois aspects différens. Toutefois, comme les renversemens font prendre à l'accord une certaine forme, l'oreille demande à passer à quelque chose de plus positif, c'est à dire, à l'accord fondamental. C'est une des raisons pour lesquelles toutes les compositions musicales, toutes les gammes et toutes les périodes doivent commencer et finir par tierce et quinte, et non pas en tierce et sixte, ni par quarte et sixte.

Renversement des accords de septième, composés de trois tierces consécutives. De la formule 1, 3, 5, 7, naissent tous les accords fondamentaux de septième, lesquels, ayant un son de plus que ceux de tierce et quinte, ont parconséquent un renversement de plus. Prenons, par exemple, une septième, n'importe de quelle espèce, *Sol, Si, Ré, Fa*, 1, 3, 5, 7; transportons la première *Sol* à l'octave, en laissant à leurs places, la tierce *Si*, la quinte *Ré* et la septième *Fa*; et, au lieu de *Sol, Si, Ré, Fa* accord, fondamental, nous aurons *Si, Ré, Fa, Sol*, 1, 3, 5, 6; premier renversement. (Ex: 19 **A**)

Si nous transportons à l'octave la première *Sol* et la tierce *Si*, en laissant à leur place la quinte *Ré* et la septième *Fa*, nous aurons *Ré, Fa, Sol, Si*, 1, 3, 4, 6, second renvervement. (Let: **B**)

Ce deuxième renversement de la septième est appelé ac_cord de sixte sensible.

En transportant à l'octave la première *Sol*, la tierce *Si* et la quinte *Ré*, et laissant à sa place la septième *Fa*, nous aurons *Fa, Sol, Si, Ré*, 1, 2, 4, 6, troisième renversement. (Let: **C**.)

Pour trouver la basse fondamentale, il suffit de chercher la note qui donne la tierce, la quinte et la septième, ou bien celle qui fait seconde avec la dissonante. Il y a encore une autre règle pour trouver la note fondamentale: dans le pre_mier renversement, c'est la sixte; dans le second, c'est la quarte, et dans le troisième, c'est la seconde. (Ex: 19.)

Tout renversé que soit cet accord, il change entièrement d'aspect, et il est bien difficile de le reconnaitre. Alors on a recours à la basse fondamentale.

On chiffre l'accord de septième par un 7; son premier ren_
versement, par 5 et 6; le second, par 3 et 4; et le troisième par 2 et 4.

ARTICLE II.

DES ACCORDS ALTÉRÉS.

Altérer un accord, c'est augmenter ou diminuer une ou plu_
sieurs des notes qui en font partie.

Toutes les notes qui montent d'un ton peuvent s'élever
accidentellement d'un demi_ton, soit au moyen d'un dièze, soit par
la suppression d'un bémol. De même toute note qui baisse d'un
ton peut accidentellement descendre d'un demi_ton soit par un
bémol, soit par la suppression d'un dièze. On regarde cette note
comme note de passage.

Altération de la quinte avec tous ses renversemens dans l'ac_
cord parfait. (Ex: 20. A)

L'altération de la quinte dans l'accord parfait produit la
quinte augmentée. On la place sur la tonique et sur la domi_
nante du mode majeur.

Même altération de la quinte avec la septième de dominante.
(B) Le second renversement n'est pas possible à cause de la tierce
diminuée. Le troisième renversement produit la sixte augmentée.

avec quarte et sixte.(C)

Accord de septième dominante et ses renversemens, avec la quinte baissée d'un demi ton.(D) Le second renversement produit la sixte augmentée avec tierce et quarte.(E)

Pour que cet accord, ainsi que tous ceux qui renferment la tierce diminuée, produise un bon effet, il faut que cette tierce diminuée se trouve à la distance d'une sixte augmentée.

Accord de neuvième mineure.(F) Le second renversement où la note de la basse est baissée d'un demi_ton, produit la sixte augmentée avec tierce et quinte.(G)

La sixte augmentée se donne sans préparation comme les dissonances naturelles, parce qu'elle a la dominante pour note fondamentale.

Cet accord se résout de plusieurs manières: la plus naturelle est celle qui est à la quinte du mode mineur pour tomber sur la tonique.(H)

Dans la résolution de cet accord avec quinte, quelques auteurs défendent les deux quintes,(G et I) et d'autres les permettent; pour moi, je partage l'opinion de ces derniers.

ARTICLE III.

DE LA BASSE FONDAMENTALE.

La *Basse fondamentale* est celle que l'accord nous présente dans son état originaire et avec ses tierces consécutives.

Toutes les fois qu'un accord contient des notes altérées, il faut voir si elles appartiennent ou non à la tonalité. Dans le cas où elles seraient étrangères, c'est à dire, où elles n'appartien_ draient pas au ton, on doit en enlever les accidens qui produi_ sent l'altération, et l'on trouvera la note fondamentale qui forme les tierces.

Accord de sixte augmentée avec quinte. (Ex: 21. A)

Pour trouver la basse fondamentale dans cet accord, on doit commencer par réduire la sixte augmentée à l'état de sixte majeure. Ainsi, en otant l'altération de la note la plus basse, nous aurons *Ré* ♮, *Fa*, *La* ♭, *Si*, (B) premier renversement de *Si*, *Ré*, *Fa*, *La* ♭. Voilà comment en supprimant l'altération accidentelle portée par la note la plus basse, l'accord de sixte augmentée se convertit en premier renversement de septième diminuée. (C)

De même la sixte augmentée avec la quarte. (D) ne peut être que le second renversement de la septième dominante dans la_ quelle la note la plus basse, c'est à dire, la première, aura été bais_ sée accidentellement d'un demi_ton. (E)

La neuvième majeure, composée de quatre tierces consé_ cutives, se place au dessus de la dominante, et se résout dans l'ac_ cord de la tonique. Elle est employée presque toujours sans sa note fondamentale dans les renversemens. (F)

On remarquera que le premier renversement de cet accord ressemble à l'accord de septième de troisième espèce. (G) Pour ne pas les confondre, il faudra se rappeler que l'accord de 9.e se donne sans préparation;

et qu'il se résout à la tonique ou à la dominante, en changeant cet accord en celui de septième dominante; tandis que l'accord de septième de troisième espèce se donne avec préparation, et se résout à la quinte inférieure, et au moyen d'une progression, passe à la tonique du mode mineur.

On emploie la neuvième mineure pour le mode mineur, ain_si que la neuvième majeure pour le mode majeur. (H) Le premier renversement de cet accord est la septième diminuée. (I)

D'après ce que nous venons de dire, nous croyons avoir prouvé tout ce que nous avions avancé au Chapitre IV, en par_lant des accords sensibles; c'est à dire que ceux de quinte dimi_nuée, de septième dominante, de neuvièmes majeure et mineure avec tous leurs renversemens ne forment qu'un seul accord, dont la basse fondamentale est la dominante ou quinte du ton; leur résolution ordinaire est la tonique, et elle n'a pas besoin de pré_paration, parcequ'elle est naturelle et conforme à l'attraction tonale; tandis que les autres accords dissonans qui n'appartiennent pas à la dominante, doivent se préparer ainsi que nous le ferons voir en son lieu.

La véritable basse fondamentale se trouve bien marquée à la septième dominante, (J) à la neuvième majeure, (K) et mineu_re, (L) et à la sixte augmentée avec quarte. (M)

Cette même basse fondamentale est sous_entendue à la quinte diminuée, (N) à la septième de sensible, (O) à la septiè_me diminuée, (P) à la sixte augmentée avec quinte. Cette quinte présente une basse fondamentale apparente. (Let Q)

ARTICLE IV.

DU MOUVEMENT DE LA BASSE FONDAMENTALE.

Le mouvement régulier de la basse fondamentale est de la tonique à la sous-dominante, de celle-ci à la dominante pour retomber ensuite sur la tonique. (Ex: 22. Let: A)

Les mouvemens de tierce, de quarte et de quinte en descendant sont réguliers, parcequ'ils contiennent des notes communes qui lient les deux intervalles. (Let: B.)

La basse fondamentale peut monter de la tonique du mode mineur à la tierce du même ton, d'où elle doit descendre à la quinte inférieure. (Let: C.)

On emploie de même le mouvement de tierce majeure en partant de la tonique du mode majeur, et en faisant majeur le second accord, suivant la règle que la dominante du mode mineur ou l'on veut passer, porte toujours la tierce majeure. (Let: D)

Exceptions à cette dernière règle.

1° Lorsqu'une gamme est déterminée, la *Basse* peut passer de la tonique à la seconde, et retourner de celle-ci à la tonique, en renversant le dernier accord. (Let: E.)

2° La *Basse* peut aussi passer de la quinte à la sixte, et retourner de celle-ci à la quinte. (Let: F.)

On peut encore baisser la *Basse* d'un ton, c'est à dire, de la dominante à la sous-dominante; (Let: G); mais cette exception ne peut avoir lieu qu'au moyen d'une succession ou bien en renversant le second accord, afin d'éviter ainsi la fausse relation qui éxiste entre les deux tierces majeures, et parce qu'elle s'oppose à la marche régulière de la *Basse fondamentale* qui ne peut retourner de la dominante à la sous-dominante, ainsi que nous l'avons dit.

La succession des accords soit en montant soit en descendant par seconde, n'est admise que dans le premier renversement. On l'appelle succession de sixte; elle se fait à trois parties.(Let:H)

Il suit de tout ce que nous venons de dire que la tierce, (I) la sensible, (J) et la seconde du mode majeur, (K) ainsi que la seconde du mode mineur, (L) ne s'écrivent avec l'accord parfait qu'au moyen d'une succession.

Remarques. Quoiqu'on donne l'accord parfait à la tierce du mode majeur, cela n'a lieu qu'en changeant l'accord qui y est représenté en dominante de son relatif mineur. (Let:D)

Comment se fait-il que, dans la gamme mineure la succession de la sixte mineure à la septième majeure (Let: M) étant irrégulière, puisqu'elle contient l'intervalle de seconde augmentée, est plus agréable à l'oreille que l'autre succession avec la sixte majeure?(Let: N) Cela ne peut venir que de la fausse relation qui éxiste entre la tierce mineure et la sixte majeure.

CHAPITRE VI.

DE LA QUARTE JUSTE PAR RAPPORT À LA BASSE.

L'intervalle qui se trouve entre la basse et l'une des parties hautes dans les seconds renversemens des accords porte le nom d'accord de quarte et sixte (Ex 23) Second renversement de l'accord parfait (Let: A), idem de la dominante. (Let: B)

La quarte accompagnée de la sixte est toujours consonnante, parce qu'elle correspond à la fondamentale du même accord. La même quarte accompagnée avec la quinte est une dissonance qui retarde la tierce dans l'accord parfait. (Let: C)

Parmi les accords consonnans, celui-ci plaît le moins à l'o_ reille, et c'est pour cela que son usage est limité par certaines règles, et qu'on l'emploie moins fréquemment que les autres. Il est destiné principalement à retarder l'accord de la dominante dans les cadences, sans avoir besoin de la préparer. Cadence parfaite. (Let: D)

Quelques auteurs donnent la quarte sans préparation pour compléter l'accord du second renversement de la septième dominante (Let E) je suis de la même opinion. Dans toutes les autres circonstances il doit être préparé et se résoudre par une note commune soit à la partie haute, soit à celle de la Basse. Dans le premier cas on fait monter ou descendre la basse d'un ton ou d'un demi_ton. (Let: F) Quand la Basse fait la note commune, la partie haute va par degrés conjoints. (Let: G)

Entre la basse et une partie haute on ne peut donner deux quartes justes de suite,(Let: H) mais elles sont permises entre les parties intermédiaires.(Let: I) Quant à la quarte augmentée il n'y a aucune difficulté.(Let: J)

L'exemple de là.(Let: K) est mauvais à cause du saut de quarte que donne la basse.

Lorsque les deux accords portent la même note fondamentale; il n'y a point de difficulté dans la marche des parties; (Let: L) la basse peut se renverser avec une des parties hautes.(Let: M)

Toutefois,il y a quelques exceptions par rapport à la mélodie (Let: N)

CHAPITRE VII.

DE L'ACCOMPAGNEMENT DE LA GAMME.

Ayant déjà examiné à l'article 2 de l'introduction la nature de la gamme, il nous reste maintenant à rassembler les élémens qu'elle renferme.

Nous y trouverons, même sans sortir du ton, si l'on veut, que toute la musique a pour base certains intervalles avec le caractère du repos, d'autres qui en manquent,et enfin quelques uns qui tiennent de ces deux caractères.

On voit cette différence des intervalles, réalisée dans les sept notes de la gamme.

En effet, les première, quatrième et cinquième notes ont un caractère de repos plus ou moins absolu et les quatre autres ne l'ont pas.

La première note d'un ton quelconque est la seule sur laquelle est basée l'harmonie. C'est sur elle que l'on établit et le ton et le mode. Lorsque la tierce est majeure, le mode l'est aussi, (Ex: 24. Let: A) et au contraire, le mode est mineur, lorsque la tierce est mineure. (Let: B)

Toute harmonie qui n'est pas la quinte, l'octave ou la tierce, ôte à la tonique son caractère de repos. La quarte et la sixte n'ont pas ce caractère, quoiqu'elles soient consonnantes, et elles ne peuvent accompagner la tonique, sans lui faire perdre immédiatement son caractère de repos, et sans suspendre l'idée de la conclusion. Mais ces deux notes servent parfois à conduire l'harmonie de la conclusion. (Let: C)

Seconde note du ton. On l'accompagne du second renversement de la dominante (Let: D) soit parcequ'elle contient les notes sensibles *Si, Fa,* propres à la gamme où l'on se trouve, soit parcequ'elle a un son commun avec l'accord précédent. Du reste les notes sensibles étant faites pourexciter le mouvement, donnent impulsion à la seconde pour passer à l'accord qui suit immédiatement. On voit donc que cette note ne marque pas le repos, et que, lorsqu'on l'accompagne de la quinte, elle perd son caractère tonal. Cela a lieu lorsqu'elle passe par la dominante et qu'elle revient à la tonique au moyen d'une succession. (Let: E)

Troisième du ton. On l'accompagne du premier renversement de la tonique, parceque les notes sensibles *Si*, *Fa* de l'accord précèdent demandent une résolution à l'accord parfait, et qu'en outre cet accord contient la note *Sol* qui lie les trois accords employés pour les trois premières notes de la gamme. Son caractère tonal s'oppose au repos; par conséquent elle n'admet pas la quinte qui serait une note sensible dont l'attraction naturelle vers la tonique ne pourrait pas avoir lieu. Elle formerait de plus une fausse relation de tonalité avec la quatrième note vers laquelle marche la tierce par une force attractive, n'en étant séparée que d'un demi-ton. (Let: F.)

Quatrième note du ton, ou *Sous-dominante*. On l'accompagne avec l'accord parfait, ou bien avec tierce, quinte, et sixte. Dans le premier cas (Let: G) on fait un repos momentané, dans le second, (Let: H) on fait immédiatement la résolution. (Let: I)

Dominante. On l'accompagne de l'accord parfait. (Let: J) et c'est ainsi que l'harmonie lui donne le caractère de repos passager aussi bien qu'à la sous-dominante. On peut l'accompagner de quarte et sixte, c'est-à-dire, avec le second renversement de la tonique; mais la quarte doit se résoudre à la tierce, et la sixte doit faire de même à la quinte. (Let: K) C'est de cette manière seulement que l'harmonie conserve le caractère de la tonalité.

Il y a encore un autre moyen de résoudre la quarte, C'est de monter ou de baisser la basse d'un ton.(Let: L) Mais dans ce cas la dominante reste privée de son caractère de repos.

L'oreille reçoit avec plaisir le passage de la sous_dominante à la dominante accompagnée de l'accord parfait, pourvu que les parties marchent dans un mouvement contraire avec la basse, pour éviter les deux quintes de suite.(Let: M) Mais lorsqu'on descend de la dominante à la sous_dominante, il en est autrement, car alors l'oreille est blessée en entendant la succession immédiate de deux tierces majeures en descendant.(Let: N)

Pour rendre moins sensible la fausse relation de *Fa* à *Si*, il faut renverser la basse, c'est à dire, passer au premier renversement de la sous_dominante, en montant d'un ton,(Let O) ou en donnant à la sous_dominante le premier renversement de *Ré*.(Let: P)

Les quatre premières notes de la gamme jusqu'à la sous_dominante, composent une succession de deux tons et d'un demi_ton; et, en continuant à compter de la dominante, on trouve une autre succession pareille. Voilà la cause du mauvais effet produit par la succession immédiate de l'accord de la tonique de *Sol* à celle de *Fa*. Pour compensation ces deux toniques de la sous_dominante et de la dominante, ou bien de la dernière et de la première note de ces deux tétracordes réunis, forment une disso_nance naturelle, et l'oreille la reçoit tout d'un coup et sans y être préparée.(Let: Q)

Toute autre dissonance de seconde ou de ses renversemens, qui n'est pas faite avec la dominante, est le produit de la prolongation d'une note consonnante.

Sixième note de la gamme. On l'accompagne du premier renversement de l'accord parfait, de la quarte. (Let: R)

Quelquefois on l'accompagne de quinte, à cause du passage alternatif qui s'opère fréquemment entre les gammes majeures et mineures relatives; mais en faisant un repos momentané à cause de son caractère équivoque: ce qui s'appelle une cadence rompue. (Let: S)

Septième note de la gamme ou *note sensible*. On l'accompagne du premier renversement de l'accord de septième dominante.(Let:T) Son caractère tonal est opposé au repos. On ne l'accompagne pas de la quinte juste, parceque celle-ci n'existe pas dans la gamme naturelle; et, comme elle est diminée, elle force la note sensible à monter à l'octave, tandis qu'elle descend à la tierce. C'est ce mouvement qui leur a fait donner le nom de sensible.(Let: U)

Octave. On l'accompagne de l'accord parfait, ce qui tient lieu de résolution pour la note sensible de l'accord précédent, car elle est une répétition de l'unisson.

CHAPITRE VIII.

DES CADENCES.

On appelle *Cadence* la manière de terminer une phrase. Nous allons en faire connaitre les différentes espèces.

Il y a la *Cadence* de la *Tonique* et la *Cadence* de la *Dominante*.

La première termine le sens musical, et porte le nom de *Cadence parfaite* ou finale. La seconde, appelée *Cadence imparfaite*, ou demi-cadence, suspend le sens musical sans le terminer.

La *Cadence parfaite* se distingue par l'accord de la dominante qui précède celui de la tonique sans renversement. Ces *Cadences* sont accompagnées parfois de quelques accessoires que le goût du compositeur peut seul déterminer. (Ex: 25. Let: A)

La *Cadence imparfaite* se distingue par sa forme tout_à_fait opposée à celle de la *Cadence parfaite*, c'est_à_dire que l'accord de la tonique précède celui de la dominante. (Let: B.)

Il y a dans le Plain_chant deux tons, le quatrième et le huitième, qui se terminent par la dominante, et tous les deux sont plagaux. Dans ce cas la *Cadence imparfaite* s'appelle *Cadence plagale*. Cadence plagale et finale du 4ᵉ ton (Let: C). Cadence plagale et finale du 8ᵉ ton. (Let: D)

Parmi les huit tons du Plain_chant il y en a quatre, les impairs, qui s'appellent authentiques, et les quatre autres, les pairs, s'appellent plagaux.

Les cadences rompues se désignent par les noms d'évitées, de suspendues, & elles ont lieu dans une *Cadence parfaite* toutes les fois que la basse, après avoir donné l'accord majeur de la dominante avec ou sans septième, au lieu de tomber sur la tonique, renverse le dernier accord ou passe dans un autre accord quelconque. (Let: **E**)

Une autre cadence suspendue. (Let: **F**) On interrompt déjà la cadence sur l'avant dernier accord. (Let: **G** et **H**.)

Les cadences rompues sont une grande ressource dans l'Harmonie, lorsqu'on sait bien les employer.

SECONDE PARTIE.

DU CONTREPOINT.

CHAPITRE I.

DU CONTREPOINT OU HARMONIE A DEUX PARTIES.

ARTICLE I.

RÈGLES POUR LE CONTREPOINT.

Les mots *Harmonie* et *Contrepoint* sont synonymes.

J'ai cru devoir commencer par la pratique de l'harmonie à deux parties, soit pour les voix, soit pour les instruments, afin de pouvoir arriver graduellement à composer pour plusieurs voix et à Grand_Orchestre.

L'*harmonie* à deux parties doit être la plus pure, de manière que la sévérité des règles s'adoucisse à mesure que les difficultés et le nombre des voix ou des instrumens aug_mente, sur_tout entre les parties intermédiaires, car les parties extérieures cachent leurs défauts. Il ne faut pas croire pour cela que le compositeur puisse se dispenser de la sévérité propre à ce genre de composition, dans lequel on ne permet pas les mêmes licences que dans la musique moderne.

Les intervalles que l'on emploie de préférence dans l'harmonie à deux parties, sont la tierce et la sixte. On peut en donner jusqu'à trois de suite.

On emploie fort peu l'unisson et l'octave; mais ils font un bon effet au commencement d'une période et dans les cadences finales. La quinte peut être employée plus fréquem_ment que l'octave. La quarte n'est pas admise dans le contrepoint à deux parties; elle l'est dans celui à trois parties comme conson_nante accompagnée de la sixte. Dans ce cas elle sert de prépara_tion à la quarte dissonante qui l'accompagne avec quinte, pendant que la Basse soutient la même note; ce qu'on appelle *Pédale*.

Comme la pratique du contrepoint est ce qui doit conduire le lecteur à la composition de la Fugue, nous recommandons l'observation des règles que nous allons donner.

34

1re. *Règle*. Le contrepoint doit commencer par une consonnance parfaite, c'est-à-dire, soit par quinte, soit par octave, soit par l'unisson. Par quinte, on entend toutes ses octaves, telles sont la douzième,
la dix-neuvième, &. Il en est de même pour tous les autres intervalles.

2e. *Règle*. Le genre diatonique s'emploie de préférence au genre
chromatique. Lorsqu'on écrit pour les voix, on évite les sauts difficiles à entonner, tel que celui de sixte majeure, de septième,
les diminués et les augmentés: excepté celui de quinte diminuée
en descendant.

Cependant, un compositeur, qui est en même temps un bon
chanteur, sait combiner ces intervalles, et même en tirer un excellent
parti, quand les circonstances le demandent. Ainsi on peut dire
que pour un compositeur intelligent il n'y a aucun saut impossible, parce qu'il sait le préparer convenablement.

3e. *Règle*. Le mouvement contraire doit être préféré au
mouvement oblique, et celui-ci au mouvement semblable.

4e. *Règle*. On doit éviter les fausses relations entre les parties.
Telles sont deux tierces majeures de suite par mouvement semblable, lorsque la Basse chante *Do, Mi*, et que la partie haute
chante en même temps *Mi, Sol* ♯. (Ex: 26. Let. A.) Ce même passage
est bon à trois parties, parce que la troisième partie absorbe la
dureté de la fausse relation de *Do* à *Sol* ♯. (Let. B.) On doit
aussi éviter la fausse relation d'octave et de triton, et cela
quand même on écrirait pour un nombre plus considérable
de parties. (Let. C.)

Voyez l'article 3, Chapitre 5 de la première partie où l'on parle de la Basse fondamentale. Le moyen de diminuer la dureté dans la succession de ces deux accords consiste à faire que la même partie qui a donné le *Do* naturel donne ensuite le *Do altéré*. (Let. D.)

5ᵉ *Règle*. Les dissonances naturelles ou non, sont employées en les préparant, ou bien comme notes de passage.

6ᵉ *Règle*. Il est défendu d'employer deux quintes et deux octaves consécutives par mouvement semblable (Let. E), ainsi que nous l'avons dit au Chapitre 3 de la première partie. Toutefois lorsqu'on compose à quatre parties, il est permis d'employer deux quintes successives par mouvement contraire; principalement dans les voix intermédiaires; car, malgré qu'elles soient de la même nature, le mouvement contraire les fait changer d'espèce, c'est-à-dire que l'une est douzième et l'autre est quinte. (Let F.) Deux octaves ne sont pas permises même par mouvement contraire, si ce n'est entre deux parties de basse; ou bien à cinq parties, entre les voix intermédiaires ou entre une voix extérieure et une autre intermédiaire.

Dans la musique libre on peut donner deux quintes de suite par mouvement semblable, pourvu que ce soit au moyen d'une note de passage ou d'une appogiature, c'est-à-dire pourvu que celle-ci n'appartienne pas à l'accord. (Let G.)

7ᵉ Règle. Le saut de tierce, lorsqu'il est fait à deux parties ne peut pas éviter les deux quintes ni les deux octaves, parce que la note du milieu se trouvant à la partie faible de la mesure, c'est comme si elle n'y était pas.

Des quintes consécutives. (Let. H.)

On le permet à trois parties, parcequ'il est accompagné de la *Triade* ou accord parfait. (I.) Octaves consécutives. (Let J.) A trois parties elles sont sauvées. (Let. K.) On défend les deux octaves par mouvement semblable, parcequ'elles ne produisent aucun effet.

Les quintes sont défendues parcequ'elles donnent l'idée de deux tonalités.

ARTICLE II.

§. I.

Contrepoint de première espèce ou de note contre note sur la basse. (Ex. 27.) Contrepoint. (Let. A) Plain-chant. (Let. B.) Basse fondamentale. (Let. C.) Autre sur le même plain-chant. (Let. D.)

On doit s'exercer à chercher d'autres chants sur la même basse.

Suivent d'autres basses pour s'exercer, comme on l'a fait avec la première. (Let. E.)

Après qu'on se sera suffisamment exercé dans ces basses et quelques autres, si on le croit nécessaire, on passera au contre-point de la seconde espèce.

§. II.

Contrepoint de seconde espèce.

Le Contrepoint de seconde espèce est composé de deux notes contre une. La note du temps faible, qui est le second, peut être note de passage. Les notes de passage servent à remplir l'intervalle qui sépare deux notes consonnantes qui marchent par degrés disjoints. (Ex: 28. La petite croix indique la note de passage.)

Toutes les compositions de ce genre doivent compter une demi_mesure en commençant, afin de donner plus d'élégance au chant. (Ex: 29.) Contrepoint. (Let. A.) Plain_chant. (Let. B.) Basse fondamentale. (Let. C.)

On doit aussi s'exercer sur ce contrepoint avec les basses indiquées pour la première espèce.

Remarquez comment dans la (Lettre D) la quinte diminuée descend, tandisque la basse monte; que, dans son renversement, la quinte diminuée se convertit en quarte augmentée, comme on le voit dans la (Let. E) et que pour sa résolution le contraire arrive, car, le chant doit monter et la basse descendre, c'est_à_dire, la note sensible monte à la tonique et la quarte descend soit à la tierce majeure, soit à la tierce mineure. Par ce procédé nous obtenons le ton et le mode. Voyez ce qui a été dit sur l'accord sensible, Article 3. Chapitre 4 de la première partie.

§. III.

Contrepoint de troisième espèce.

Ce Contrepoint se compose de quatre notes contre une. En commençant on doit compter le silence d'une noire.

La seconde note de chaque temps et quelquefois aussi la première du second temps peuvent être de passage; mais la mesure doit commencer toujours par une note consonnante.

Quand aux noires, le mouvement conjoint vaut mieux que le mouvement disjoint. (Ex: 30.)

Les basses des contrepoints précédents serviront pour s'exer_cer dans celui_ci et dans les suïvants.

§. IV.

CONTREPOINT DE QUATRIÈME ESPÈCE.

On y emploie les syncopes ou coulées: c'est_à_dire que l'on prolonge la seconde note d'une mesure, en la rendant première de la mesure suivante. Cela produit une dissonance qui doit être préparée et résolue; c'est_à_dire qu'une note, avant d'être dissonante, a dû être consonnante. On la résout en la faisant descendre d'un degré. Lorsque la basse né fait point de mouvement, la dissonance n'est qu'un retard de la note suivante. 7me ou retard de la 6te (Ex: 31.) *Préparation* (Let. A.) *Percussion* (Let. B.) *Résolution* (Let. C.) En ôtant le retard on obtien_drait comme dans la (Let. D.) 4te ou retard de la 3^{ce} (Let. E.) sans retard (Let. F.) 9e ou retard de l'8^{ve} (Let. G.) sans retard (Let. H.) 2de préparée et résolue dans la partie de la Basse. (Let. I.) sans retard. (Let. J.) Cet exemple renferme toutes les dissonances dont on peut se servir à deux parties. Autant que possible on s'abstient d'employer les dissonances de quarte et de neuvième; on doit préférer celle de septième.

Il peut se présenter quelque cas difficile où l'on ne puisse for_
mer la syncope sans commettre quelque faute: alors, après avoir
tenté vainement tous les moyens, on peut faire une mesure sans syncopes.

En commençant on compte une demi_mesure.(Ex: 32.)

§ . V .

CONTREPOINT DE CINQUIÈME ESPÈCE.

FLEURI OU ILLIMITÉ.

Ce Contrepoint se compose des quatre autres, ainsi que de
toutes les figures de la musique au choix du compositeur.(Ex: 33.)

Lorsqu'on se sera suffisamment exercé dans toutes les cinq
espèces de Contrepoint sur la basse, on reviendra à celui des
rondes, et, en copiant le plain_chant pour la partie du so_
prano, on s'exercera à chercher des basses sur le soprano,
de la même manière qu'on l'a déjà fait sur la basse. Le lec_
teur trouvera tous ces exemples sur le même plain_chant dans
la partie du soprano.(Ex: 34.) Plain_chant dans la partie du
soprano.(Let. A.) Contrepoint de 1re espèce.(Let. B.) De 2e espèce.
(Let. C.) De 3e espèce.(Let. D.) De 4e espèce.(Let. E.) Fleuri.(Let. F.)
Basse fondamentale (Let. G.) Et chaque contrepoint doit être chan_
té séparément sur le même plain_chant .

On remarquera que la Basse fondamentale change dans quel_ ques_uns de ces contrepoints. Le compositeur est libre de faire mar_ cher la Basse fondamentale suivant son bon plaisir, pourvu qu'il observe les règles prescrites à l'Article 4 Chapitre 5 de la premiè_ re partie. Une fois que l'on parviendra au contrepoint fleuri, on pourra commencer le contrepoint à trois parties.

CHAPITRE II.

§. I.

DU CONTREPOINT OU HARMONIE À TROIS PARTIES.

Les règles pour l'harmonie à trois parties sont moins sévères. On peut aller de la sensible à l'octave, en faisant monter en même temps la partie haute et la basse, quand même il y aurait deux octaves cachées. Lorsque la Basse descend par quarte, la partie haute peut aller de la tierce à la quinte en baissant d'un ton.

Le Trio est regardé comme la plus parfaite des compositions, produisant le meilleur effet par sa pureté que n'altèrent ja_ mais des notes surabondantes. C'est pour cela qu'elle doit être la plus réglée de toutes. Ses règles naissent de ce que l'accord par_ fait étant composé de trois sons, pour remplir l'harmonie il faut distribuer ces trois sons entre les trois parties.

Mais, si quelque circonstance oblige à doubler un son quel_
conque, il faut tâcher que ce ne soit pas la tierce de l'accord,
à cause de son imperfection; à moins que ce ne soit pour
éviter une faute grave.

En général on écrit l'harmonie de la première mesure
avec l'accord parfait. Toutefois il y a des cas où, soit par
suite de l'étendue des voix, soit à cause de la mesure
suivante, on est forcé de supprimer un son quelconque,
et obligé d'en doubler un autre. On peut les commencer et mieux
encore les terminer tous à l'unisson ou à l'octave. Nous
ferons observer que, lorsque le morceau est écrit en mode
mineur, on n'emploie pas la tierce dans la dernière mesure,
mais bien la quinte et l'octave, ou bien toutes les parties fi_
nissent à l'unisson, ainsi que nous l'avons dit.

Plus les parties seront unies, plus le résultat sera sa_
tisfaisant pourvu qu'elles ne se réunissent pas dans les
notes graves; car celles_ci produisent un effet pâle. Afin
de faciliter cette règle, dans une position difficile, il est
permis de faire croiser les parties.

§. II.

Contrepoint de première espèce.

Note contre note.(Ex: 35.) Plain_chant.(Let. A.)

On a transposé les deux exemples suivants afin que les sopranos
se trouvent dans leur médium avec le Plain_chant.(Let. B, et C.)

Les Basses des contrepoints précédents servent pour s'exercer dans les autres espèces, soit à trois, soit à quatre parties.

§. III.

Contrepoint de seconde espèce.

Une partie fait deux blanches pendant que les autres font une ronde.

L'unisson est toléré au temps faible; on tâche de l'éviter au temps fort; il est permis à la première et dernière mesure. (Ex: 36.) Plain_chant dans le premier exemple. (Let: A.) Dans le second. (Let. B.) Dans le troisième. (Let. C.)

§. IV.

Contrepoint de troisième espèce.

Une partie fait des noires pendant que les autres font une ronde.

Au commencement du temps fort, on doit tâcher, s'il est possible, de faire entendre l'accord parfait complet, au moins dans le temps faible; tout ceci est sans préjudice du chant; en cas de doute la mélodie est préférable à l'harmonie. (Ex: 37.) Plain_chant dans le 1.er ex: (Let. A) Dans le 2.e (Let. B.) Dans le 3.e (Let. C)

Après que le lecteur se sera exercé de cette manière, il pourra mêler les trois espèces; c'est-à-dire, tandis qu'une partie fera le chant donné, les autres deux, l'une fera des blanches, et l'autre des noires. Je crois le lecteur en état de faire tout cela lui-même sans avoir besoin de nouveaux exemples.

§. V.

Contrepoint de quatrième espèce.

Une partie syncope ou retarde une note de l'accord, tan_dis que les autres deux font des rondes.

Voyez tout ce qu'on a dit sur la syncope dans le con_trepoint à deux parties.

Outre cela, il faut se rappeler que la syncope ou dissonance n'est qu'un retard de la consonance, et que ce retard ne peut éviter les deux quintes ou deux octaves.

Supposons une suite de syncopes.(Ex:38.A) En ôtant les syncopes il en résulte trois quintes de suite.(B.) Une suite d'octaves retardées, c'est encore pis.(C.) On sait que la neuvième doit être préparée avec tierce ou quinte.

Quand aux dissonances, comme l'accord est composé de plus de trois sons, il faut que la note qu'on supprime ne soit pas précisément celle qui sert pour former l'ac_cord, de manière que son absence nous ferait douter. Par exemple dans la septième *Ré, Fa, La, Do,* (Ex:39. A.) si on supprime le *Ré,* on confond avec l'accord de *Fa,* (B.) si on supprime le *Do,* on confond avec le *Ré,* (C.). De manière qu'on ne peut supprimer que la quinte, comme (D) c'est la meil_leure manière de l'employer; mais, il y a des cas où la marche des voix oblige à faire souvent le contraire.

Dans la neuvième majeure et mineure, on peut supprimer la note fondamentale et la quinte.(E et F.)

(Ex: 40.) Des syncopes, Plain-chant dans le 1er ex:(Let.A.) Dans le 2d (Let.B.) et dans le 3e (Let.C.)

Après que le lecteur se sera exercé dans ce contrepoint, il pourra entremêler la seconde et la troisième espèce avec les syncopes.

<h2 style="text-align:center">§.VI.</h2>

Contrepoint de cinquième espèce, fleuri (Ex: 41.)

(A.) Le premier soprano fait le contrepoint fleuri.(B.) La Basse fait le contrepoint fleuri et le premier dessus fait celui de deuxième espèce. (C.) Le second dessus et la Basse font le contrepoint fleuri.

Qu'on prenne un chant donné du contrepoint à deux parties et qu'on pratique le contrepoint fleuri, et ensuite on pourra y mêler les autres espèces.

Comme on le sait, le contrepoint appartient à la musique sévère. Pour finir ce chapitre on donne un exemple selon la musique libre à trois parties.

Quoique les règles pour les instruments soient les mêmes que celles pour les voix, les leçons suivantes sont destinées aux voix en particulier.

§. VII.

Suit l'accord dissonant naturel de septième dominante avec ses renversements.(Ex: 42.) Marche en montant.(Let.A.) Marche en descendant.(Let.B.)

Voyez le chapitre 4, article 3ᵉ de la première partie, sur l'accord de quinte diminuée.Cet accord dissonant naturel primitif et ses relatifs sont agréables à l'oreille, même lorsqu'on les donne sans préparation.Toutes les dissonances qui ne sont pas celle de la Dominante, n'existent que par le fait de la prolongation ou préparation.

Avant d'écrire l'harmonie de la Basse de la (Let.C.) on la copiera séparément et sans les chiffres; on la mettra d'accord avec la Basse fondamentale; puis on verra si celle-ci correspond aux chiffres.Il faudra ne pas oublier que toutes les marches se terminent par la dominante du ton où l'on veut passer. Marche.(Let.D.)

CHAPITRE III.

DE L'HARMONIE OU CONTREPOINT A QUATRE PARTIES.

ARTICLE I.

Le *Quatuor* est le complément du *Duo* et du *Trio*, en ajoutant l'octave aux accords; on peut aussi doubler les autres notes de l'accord; mais afin d'éviter deux octaves de suite, il est défendu de doubler les notes qui n'ont qu'une seule manière d'être résolues. Telles sont les dissonances et la sensible qui doit monter à l'octave. Il arrive quelquefois, mais par exception seulement, que pour compléter l'accord résolutif, la note sen_sible descend à la quinte, mais pour cela il faut qu'il y ait une autre partie haute placée à l'octave; ce qui s'appelle ôter la place.

Il faut se rappeler qu'il vaut mieux que la note sensible monte à l'octave, quoique l'accord final reste incomplet. C'est seulement à cinq et plus de parties, et en doublant la sensible, qu'une des parties descend à la quinte tandis que l'autre monte à l'octave.

ARTICLE II.

DE L'ÉTENDUE DES VOIX.

Le quatuor se compose ordinairement du Soprano, du Con_tralto, du Ténor et de la Basse. Le second Soprano est une voix intermédiaire entre le premier Soprano et le Contralto. Le Baryton est une voix intermédiaire entre le Ténor et la Basse.

L'exemple 43 contient le tableau de l'étendue des voix avec les régistres de poitrine, de médium et de tête, telles qu'elles sont ordinairement. Toutefois dans les cas exceptionnels, c'est-à-dire lorsqu'on écrit pour des voix extraordinaires, le compositeur peut aussi franchir les limites générales. Les points noirs placés à gauche représentent les notes de poitrine, les rondes indiquent celles du médium, et les points noirs placés à droite, celles de tête. Premier Soprano (Let.A.) Idem avec la clef de Sol. (Let.B.) Second Soprano (Let.C.) Contralto pour femme (Let.D.) Haute-contre (Let.E.) Ténor (Let.F.) Baryton (Let.G.) Basse (Let.H.)

Le Compositeur doit se servir de préférence des notes du médium de chaque voix; il pourra cependant au besoin descendre aux notes de poitrine. Quand aux notes de tête ou de *fausset*, comme il y a des chanteurs qui en manquent, on doit s'abstenir de les écrire, à moins que l'on ne compose spécialement pour la voix de quelqu'un qui les possède.

La voix de Contralto, qui est la basse des femmes, emploie rarement les registres de tête.

Les notes hautes de chaque voix sont les plus brillantes, mais souvent elles sont forcées. Les notes basses sont graves et majestueuses, mais ordinairement elles sont inanimées. Les notes du médium, avec une certaine latitude, sont les plus mélodieuses et les plus agréables à l'oreille.

On voit donc, d'après le tableau, que l'on peut écrire pour toutes les voix dans la clef de Sol, excepté pour la basse; mais cette simplification porte en elle l'inconvenient que le Ténor chante une octave au-dessous de ce qui est écrit. Quand au Soprano et au Contralto, il serait à désirer que tous les Compositeurs adoptassent la clef de *Sol*.

Mais, comme actuellement l'usage n'en est pas assez général, je me bornerai à écrire quelques leçons dans l'une et l'autre clef. Je conseille à ceux de mes lecteurs, qui ne connaîtraient pas bien toutes les clefs, de copier ces leçons et de transpo_ser celles qui sont écrites avec la clef de *Do*, en clef de *Sol*, et vice versâ. Cet exercice leur fera connaître en peu de temps les clefs aussi bien que l'harmonie, car c'est surtout, lorsqu'on copie ou que l'on entend de la musique que l'on acquiert plus de facilité pour composer.

ARTICLE III.

§ . I .

Règles pour le Quatuor. Octaves et quintes cachées.

Les règles pour le quatuor sont les mêmes que celles pour le trio, seulement il y a un peu plus de liberté pour les octaves et les quintes cachées. Par exemple, lorsque la Basse chante *Ré Do*, la partie haute descend de l'octave *Ré* à la quinte *Sol*, et lorsque la Basse chante *Do Ré*, la partie haute monte de la quinte *Sol* à l'octave *Ré*.(Ex:44.) On permet ces octaves et quintes cachées, entre deux parties intermé_diaires et entre une intermédiaire et une autre extrême. Parfois on peut les permettre entre les parties extrêmes, pour éviter une faute plus grande.

Il semble superflu d'écrire désormais le chant. donné à
toutes les parties; par conséquent on ne donnera qu'un seul
modèle de chaque espéce; c'est le lecteur qui doit s'exercer
sur le même chant donné, en l'alternant dans toutes les parties,
comme on l'a fait pour le contrepoint à trois voix.

§. II.

Contrepoint de premiére espéce.(Ex:45.)Plain-chant..(Let: A.)

L'unisson est permis dans la premiére et la derniére mesure.
Dans le milieu il faut l'éviter le plus possible quoique dans le
cas de necessité on peut l'employer.

Contrepoint de seconde espéce.(Ex:46.)Plain-chant.(Let: A.)

Idem. de troisieme espéce.(Ex:47.)Plain-chant.(Let: A.)

Idem. de quatrieme espéce.(Ex:48.)Plain-chant.(Let: A.)

Aux contrepoints des syncopes à deux et à trois parties,on
a établi les régles pour pratiquer les dissonnances qui retardent
une consonnante du même accord.Outre les retards,il y à une
autre sorte de dissonnances qui se résout sur un autre accord,ce
qui produit deux accords par mesure.Dans cette espéce de
contrepoint à quatre parties,il est permis, dans un passage
embarrassant, de substituer deux blanches à la ronde (B.) Ce
moyen peut être aussi employé pour donner lieu à la résolution
des syncopes dissonantes en changeant l'accord.

Résolution de la septiéme en changeant l'accord (C.) Renversement.
(D.)Résolution de la quarte.(E.)Résolution de la neuviéme. (F.)

Dans le contrepoint soit à trois, soit à quatre parties, on permet la **Pédale** dans la partie grave, à la condition de préparer la première dissonnance par une consonnance, et que la dernière dissonnance soit résolue en une autre consonnance; tout ce qui se trouve entre ces deux extrémités peut être consonnant ou dissonant. (Let: G.)

Blanches syncopées (Let: H.) Le Soprano chante le Plain-chant.

§. III.

Contrepoint de cinquième éspèce. (Ex: 49.) Plain chant. (Let: A.)

§. IV.

Accords consonnants avec leurs renversements à quatre voix ainsi que la Basse fondamentale régulière. (Ex: 50.)

Remarquez qu'à la (Let: A.) de cet exemple, on donne l'accord parfait à la sousdominante, en passant de celle-ci à la dominante, et qu'à la (Lettre E.) du même exemple, on l'a écrite avec la sixte, comme au premier renversement de *Ré*. Ces deux combinaisons produisent également un bon effet. Dans ce cas la sousdominante devient le premier renversement de l'accord de *Ré* qui est la dominante du ton de *Sol* avec la note sensible *Fa* altérée.

C'est pour cela qu'on ne peut s'arrêter au *Sol*, et que l'on doit revenir de suite au *Do*, au moyen de la marche *Ré*, *Sol*, *Do*. Il en est de même, pour toutes les marches. Cela s'appelle moduler sans sortir du ton.

Nous avons encore une autre observation à faire sur la (lettre B.) où la Basse commence par une marche en montant, et par conséquent ayant prévu que toutes les voix devraient monter aussi, on les a baissées d'une position, tandis que la Basse reste à la même note.

Telle est la manière de monter ou de descendre l'harmonie, afin que les voix restent à leur médium sans rompre l'enchaînement.

Dans les marches, on donne l'accord parfait à chaque note de la gamme. Seulement dans ce cas on accompagne de la quinte, la tierce (C.) et la sensible. (D.) Quoique la quinte de la sensible soit diminuée ; dans les marches on la regarde comme consonnante, sans avoir besoin de résolution.

Dans la Lettre (E.) on pourrait éviter le saut de quinte que fait le Ténor, si le Soprano prend la partie du Contralto; on n'a pas fait ce changement afin que le Soprano finisse à l'octave; ce qui est très satisfaisant pour l'oreille.

Pour écrire la Basse suivante (Ex: 51.) Voyez ce que nous avons dit au Chapitre V de la première partie en parlant des renversements des accords, ainsi que le Chapitre VI sur la quarte juste. On copiera d'abord seulement la Basse ; on cherchera la Basse fondamentale ; on la chiffrera ; puis on la comparera avec l'original. Si le résultat est le même, on aura la preuve des progrès qu'on aura faits dans la connaissance de l'harmonie.

TROISIEME PARTIE.

DES ACCORDS DISSONANTS ET DE LA MODULATION .

CHAPITRE I.

DE L'ACCORD DISSONANT NATUREL DE SEPTIÈME DOMINANTE À QUATRE PARTIES.

La résolution régulière de l'accord de septième dominante se trouve soit à l'accord parfait de la tonique,(Ex:52. Lét:A.) soit à la cadence rompue de la sixième note de la gamme,(B.) soit enfin au second renversement de la tonique .(C.)

La septième devant baisser, et la sensible monter, nous trouvons que la quinte passe naturellement à l'octave;que trois des voix se rencontrent à la tonique et que la quinte y manque . (A.)Si on supprime la quinte dans l'accord de septième,et que l'on double la fondamentale, cette note ainsi doublée lie les deux accords, en donnant la quinte à l'accord parfait.(D.) Les deux manières sont également bonnes , cependant on doit donner la préférence à celle qui favorise le plus la meilleure disposition des voix ou des instruments .

Dans l'harmonie à cinq parties, les deux accords sont complets, et toutes les parties marchent par mouvements réguliers.

Dans la Lettre (E.) le Contralto et le Ténor se croisent afin d'éviter deux quintes de suite.

Depuis la Lettre (F.) et en avant, la Basse renverse la dissonance avec le Ténor ; ceci est permis dans la musique libre seulement.

On écrira l'harmonie de la Basse de (l'Ex:53.) à quatre parties, ainsi que celle de (l'Ex:42.) On cherchera d'abord la Basse fondamentale, ensuite on la chiffrera suivant qu'on l'a déja fait dans (l'Ex:51.)

Ces exemples nous prouvent que l'accord parfait et celui de septième dominante forment à eux deux toute l'harmonie naturelle. Toutes les autres dissonances ne sont que des modifi_ cations de ces deux accords et font partie de l'harmonie.. 1º comme substitution d'une note pour une autre; 2º comme retard produit par la prolongation des notes de l'accord précédent ; 3º comme des altérations accidentelles des intervalles naturels des accords; 4º comme des notes de passage; 5º comme des appogiatures ; 6º comme des syncopes, 7º comme des anticipations; 8º comme des pédales.

CHAPITRE II.

§. I.

DE LA NEUVIÈME MAJEURE ET DE LA NEUVIÈME MINEURE DE LA DOMINANTE.

Ainsi qu'on peut le voir à l'Article III Chapitre IV de la première partie, la *Neuvième majeure* et la *Neuvième mineure* de la dominante font partie des sept accords provenants de l'accord sensible ou quinte diminuée. L'accord de Septième qui tire également son origine de l'accord sensible, nous démontre que la Neuvième n'est qu'une substitution de l'octave de la dominante par la sixième note de la gamme. (Ex:54.) Accord de septième (Let:A.) Note substituée (Let:B.) 1er renversement (Let:C.) Résolution (Let:D.)

Cette substitution se fait dans l'accord de Septième et dans tous ses renversemens; mais nous ferons remarquer que, dans le mode majeur, on la place à la voix la plus haute et à la distance d'une Septième de la note sensible; autrement il n'y aurait pas d'attraction entr'elles. On la résout en descendant à la note qui a été substituée, aussi bien dans les renversemens de l'accord de Septième que dans l'accord fondamental. Quelquefois on la résout avant la cadence. (Let:E.)

§. II.

Dans le premier renversement de l'accord on trouve la septième de sensible elle entre dans l'harmonie sans qu'il soit nécessaire de la préparer. Il en est de même pour la Neuvième et pour tous les autres accords sensibles; 2ᵉ renversement.(Let:F.) 3ᵉ renversement.(Let:G.)

Ces substitutions peuvent être employées de la même manière que les accords dissonants naturels, et elles remplissent les mêmes fonctions dans l'harmonie. Le Compositeur s'en sert ordinairement lorsqu'il veut employer un accent plus énergique que celui que lui offre la note naturelle de l'accord; ce qui arrive souvent dans les mesures finales.

D'après cet exemple on voit qu'en se servant des renversemens de cet accord, on doit supprimer la note fondamentale. Cependant lorsqu'on compose à cinq parties, on peut la conserver en guise de pédale; mais toujours à la distance de neuvième de la note substituée(Let:H.)

Le lecteur remarquera sans doute l'absence du quatrième renversement; mais il n'est pas admissible dans l'harmonie, parceque le choc des quatre sons consécutifs *Fa, Sol, La, Si* n'est agréable à l'oreille qu'à la condition que la note substituée se trouve à la distance de neuvième de la note fondamentale et de la septième sensible. C'est ainsi seulement qu'on peut la résoudre en conservant l'attraction tonale.

La substitution de la dominante par la sixième note de la gamme a lieu également dans le mode mineur. Comme cette sixième note est un demi-ton plus basse que dans le mode majeur, il s'en suit que la septième qu'elle forme avec la sensible est diminuée, et la neuvième avec la dominante est mineure. Voyez les accords qu'elle produit dans ses quatre renversemens. (Ex:55.)

Accord de 7ᵉ (Let:A.) Note substituée ou accord de 9ᵉ mineure (Let:B.) 1ᵉʳ renversement ou 7ᵉ diminuée. (Let:C.) Résolution. (Let:D.) Autre résolution. (Let:E.) 2ᵉ renversement, accord de 5ᵗᵉ diminuée avec 6ᵗᵉ sensible. (Let:F.) 3ᵉ renversement, accord de triton avec 3ᵉ mineure. (Let:G.) 4ᵉ renversement, 2ᵈᵉ augmentée. (Let:H.)

Dans le mode mineur, on admet le quatrième renversement, parceque la seconde que l'on trouve entre la note substituée et la sensible est augmentée, et l'oreille la reçoit comme tierce mineure; en effet, elle porte les trois demi-tons, quoiqu'il y en ait deux mineurs. Il est donc indifférent qu'on la place entre les parties en formant avec la note sensible soit une septième diminuée, soit une seconde augmentée. Voyez (l'Ex:56.) aves des accords naturels et des substitutions. Accord naturel. (Let:A.) Substitution (Let:B.) Substitution (Let:C.) Accord naturel (Let:D.) Substitution (Let:E.) Substitution (Let:F.) Basse à écrire à quatre parties. (Exemple 57.)

CHAPITRE III.

DES PROLONGATIONS.

Les dissonances peuvent être divisées en trois classes; savoir: la 1ʳᵉ composant la dominante et toutes celles qui en dérivent; la 2ᵉ, les Retards; la 3ᵉ, les Marches.

Nous avons expliqué l'usage que l'on doit faire des

dissonances de la première classe, au Chapitre I de cette partie.

Quand aux dissonances de la seconde espèce, nous explique_rons ici ce que nous avons omis à l'Article II Chapitre I de la 2.ᵉ partie, (Ex:31.) parcequ'elles n'appartiennent pas à l'harmonie à deux parties.

Tout mouvement descendant peut donner lieu à la prolongation d'une ou de plusieurs notes du premier accord au second, qu'elles soient ou non dissonantes. Lorsqu'elles sont dissonantes, on les résout en descendant d'un degré, et en complétant ainsi le mouvement retardé.

Nous avons dit, en parlant de la Neuvième, que étant le retard de l'octave, elle ne peut exister, si elle n'en est pas à la distance de Neuvième. (Ex:58.Let:A.)

La Basse ne peut donc pas effectuer ce renversement, car la note fondamentale se trouvant dans une partie haute, elle fait une septième, au lieu d'une neuvième; ce qui n'est pas admissible.(Let:B.)

On peut retarder la tonique par mouvement ascendant, parceque l'attraction de la sensible vers la tonique absorbe la sensation de la dissonance.(Let:C.)

La Basse ne peut non plus faire ce Renversement, par la même raison que pour la neuvième. (Let:D.)

Quoique l'on permette la note Retardée à la distance d'une neuvième(Ex:54.Let:H.)c'est à cause de la pédale qui se fait dans la dominante. Cette circonstance n'ayant pas lieu à la (Lettre E. de cet Ex:58.) la note Retardée n'est pas admissible.

Lorsque la Basse se trouve à la note sensible , on ne peut la Retarder , parceque celle-ci devant monter à l'octave, il y aurait deux octaves de suite . (Let: F.)

Le Retard de l'octave par la *Neuvième mineure* est particulière au mode mineur . (Let: G.)

Exercices avec des notes Retardées, ou prolongation des accords consonnans. (Ex: 59.) Harmonie naturelle (Let: A.) Harmonie retardée (Let: B.) Harm: naturelle (Let: C.) Harm: retardée (Let: D.) Harm: naturelle (Let: E.) Harm: retardée (Let: F.) Harm: naturelle (Let: G.) Harmonie retardée (Let: H.)

On traitera la Basse suivante (Ex: 60.) dans les mêmes conditions que la précédente. Harmonie naturelle. (Let: A.) Harmonie retardée (Let: B.) Harm: naturelle . (Let: C.) Harm: retardée. (Let: D.) Harm: naturelle. (Let: E.) Harmonie retardée. (Let: F.)

Exercices avec des notes retardées ou prolongations aux accords dissonants. (Ex: 61.) Harmonie naturelle (Let: A.) Harmonie retardée (Let: B.) Harm: naturelle (Let: C.) Harm: retardée. (Let: D.) Harm: naturelle. (Let: E.) Harmonie retardée. (Let: F.)

On écrira à quatre parties la Basse de (l'Ex: 62.)

CHAPITRE IV.

DE LA MODULATION. _ DES ACCORDS SENSIBLES. _ DES ACCORDS. ENHARMONIQUES ET ALTERÉS.

ARTICLE I.

§. I.

DE LA MODULATION.

Moduler, c'est la manière d'établir et de traiter un ton. On donne également ce nom à l'art de conduire successivement et l'harmonie et le chant par des gammes ou par des tons différents, d'une manière agréable à l'oreille et suivant les Règles.

Tout changement de ton ayant lieu au moyen de l'un des trois accords: sensible, enharmonique et altéré, nous allons en parler ici successivement.

On *Module* sans changer de ton, ni de mode, en parcourant toutes les notes de la gamme, et en répétant les trois sons principaux, savoir: la Tonique, la Dominante et la Sous-Dominante.

On *Module* par des tons différents, lorsqu'au moyen d'altérations, on fait passer l'harmonie et la modulation d'un ton dans un autre.

Quoiqu'on puisse passer d'un ton majeur à sa tierce inférieure, à sa dominante, ou à sa sous-dominante, sans qu'il soit nécessaire de donner aucun accord intermédiaire à cause du rapport que ces tons ont entr'eux, cette manière de passer ainsi d'un ton à un autre n'est pas précisément ce qu'on appelle *Moduler*, mais bien *Changer de ton*. Pour qu'il y ait réellement une modulation, il faut qu'il y ait au moins un accord intermédiaire qui est toujours celui de la Dominante du ton où on veut passer, avec ou sans septième.

(Ex:63.) On module de *Do* majeur à *La* (Let:A.) de *Do* à *Sol* .(Let:B.) De *Do* à *Fa* (Let:C.) de *La* mineur à *Fa* (D.) de *La* à *Mi* (E.) de *La* à *Ré*.(Let: F.)

§. II.

Deux tons sont relatifs 1º lorsqu'ils ont les mêmes accidens à la clef, tels que *Do* majeur et *La* mineur ; 2º lorsqu'ils ne diffèrent que d'un accident, comme *Do majeur* à *Sol majeur*, et à *Mi mineur* ou bien du même *Do majeur* à *Fa majeur* et *Ré mineur* . Pour *Moduler* à un ton relatif, il ne faut qu'un seul accord inter_médiaire .(Même Ex:63.)

Pour passer d'un ton à un autre qui ne lui est pas relatif, on doit lier les gammes par des accords intermédiaires. La difficulté consiste à savoir les choisir. Si on veut *moduler* dans un ton qui diffère de deux accidens, il faudra donner au moins deux accords intermédiaires. Il y aura des cas où il faudra en donner trois et même quatre, mais pas davantage. (Ex:64.) On module de *La* mineur à *Si* avec deux accords intermédiaires.

Voici quelques moyens faciles pour s'éloigner du ton: 1º En regardant la tonique du ton où l'on se trouve comme dominante de sa quarte mineure. (Ex:65. Let:A.) On module ensuite par tous les tons relatifs à ce dernier. 2º En faisant suivre, dans la même tonique, l'accord majeur par l'accord mineur et *vice-versâ*. (Let:B.) 3º Au moyen de l'Enharmonique, c'est à dire, du changement d'une note♯ d'un ton, en une autre note♮ ou♭ d'un autre ton et *vice-versâ*. (Ex:66.) On module de *Do* ♮ à *Do* ♯ avec quatre accords intermédiaires.La septième de la (Let:A.) suppose enharmoniquement une sixte augmentée.

Il arrive parfois des cas extraordinaires où le Compositeur est forcé d'avoir recours à une transition forte, afin de produire un grand contraste. C'est alors seulement qu'il pourra, en employant quelques silences, passer sans accords intermédiaires de la tonique à la seconde mineure par exemple, de *Mi majeur* à *Fa mineur*. (Ex: 67. Let:C.) et de la même tonique *Mi* à *Do*. (Let:D.) Cependant il faut éviter ces cas le plus possible: ils ne doivent jamais se présenter plus d'une fois dans le même morceau.

Ce même passage de *Mi* à *Fa* devient naturel, en faisant en sorte que l'accord de *Mi* majeur soit la dominante de *La* mineur. Dans ce cas on module de *La* mineur à son relatif *Fa*. (Let : A.)

Pour passer à un ton extraordinaire, on fait une pause ou un point d'orgue. Pendant ce temps l'oreille oublie le ton qui précède, et reçoit l'autre sans qu'il soit besoin d'accords intermédiaires. Plus la pause sera longue, plus le changement sera naturel. Une note à l'unisson entre deux tons étrangers produit le même effet, surtout lorsqu'elle est donnée avec un point d'orgue. (Let:B.)

ARTICLE II.

DE L'ACCORD SENSIBLE.

Voyez l'Article III Chapitre IV de la première partie, dans lequel on parle de l'accord sensible et des six autres qui en dé_ rivent en formant un seul accord.

Exercices d'accords sensibles, sans autre modulation que celle de leur relatif mineur.

(Ex:68.) Cadence rompue.(Let:A.) Cadence parfaite ou finale.(Let:B.) On s'exercera encore sur la Basse de (l'Ex:69.) Demi-cadence (Let:A.)

ARTICLE III.

DES ACCORDS ENHARMONIQUES.

Dans le Tétracorde Enharmonique de l'ancienne musique des Grecs, on divisait le demi-ton *Mi*, *Fa*, en deux quarts de ton, comme *Mi*, *Mi* ♯ *Fa*, de manière que le *Mi* ♯ se trouvait à la même distance du *Mi* naturel que du *Fa*.

Dans la musique moderne et dans notre système tempéré, on n'a conservé que ce mot technique d'*Enharmonie*. En effet le plus petit intervalle qui existe c'est le demi-ton, et les deux notes *Mi* ♯ et *Fa*, ne forment qu'un seul son, comme on le voit dans l'accord de septième dominante de *Fa*, où en changeant la septième avant sa résolution, de *Si* ♭ en *La* ♯ qui a le même son (Ex:70.Let:A.) l'accord de septième devient accord de sixte augmentée, et conduit au ton de *Mi* (B.) et *vice-versa*. (C.)

L'accord de septième diminuée au moyen de passages enharmoniques, peut se présenter sous quatre formes différentes (Ex:71.) Ces quatre résolutions ou cadences différentes se multiplient en changeant le mode majeur en mode mineur ou *vice-versâ*. Lorsqu'on n'abuse pas

de cette manière de moduler, elle produit un effet de sur-
prise très agréable ; mais, si on en abuse, l'oreille s'y habitue
et on n'obtient plus d'effet.

Nous recommandons encore une fois aux Compositeurs de
ne pas écrire des intonations difficiles pour les voix à moins
qu'elles ne soient soutenues par les instruments.

ARTICLE IV.

DES ACCORDS ALTÉRÉS.

Nous avons montré dans la première partie, Chapitre V,
Article II en parlant des accords altérés, comment on peut altérer
un accord en élevant ou en baissant une ou plusieurs notes
du même accord. (Ex: 20 et 21.)

En prolongeant ces notes altérées sur l'accord suivant , on
peut moduler par tous les tons, pourvu que le ton principal soit
bien établi.(Ex: 72. Let: A.) Il commence par la tonique. On suppose les altérations de la première mesure de la (Let: B.) comme
dans la (Let: C.) Il commence par la dominante(Let: D.) Le même
accord avec des notes altérées.(Let: E.) Avec l'enharmonie.(Let: F.)

CHAPITRE V.

ARTICLE I.

§. I.

DES ACCORDS DISSONANTS QUI NE SONT ADMIS DANS L'HARMONIE QU'AU MOYEN D'UNE PRÉPARATION.

Les accords plus dissonants que ceux de la dominante sont les septièmes de seconde, de troisième et de quatrième espèce, et la neuvième ou retard d'une note qui n'est pas de la dominante. Ces accords n'ayant point d'attraction avec le ton, on les prépare, et on les résout en descendant successivement jusqu'à la tonique.

La quarte qui fait seconde avec la quinte, ou bien qui est le retard de la tierce, fait partie des accords que l'on doit préparer et résoudre.

§. II.

On appelle *Marche ou succession*, le mouvement continué de la Basse soit en montant, soit en descendant.

Les voix suivent ce mouvement, c'est-à-dire que lorsque la Basse monte, les voix montent avec elle; et lorsqu'elle descend, elles descendent aussi. (Ex: 77 et 78.)

Lorsque la *Marche* doit monter ou descendre beaucoup, il faut que toutes les parties commencent très haut ou très bas, de sorte qu'on n'arrive pas au point de ne pouvoir continuer, soit en haut soit en bas; et cela parce qu'on ne peut changer la position durant le cours de la *Marche*.

Il y a deux sortes de *Marches*; les unes modulent, les autres ne modulent pas. Les premières changent de ton à chaque mouvement de la Basse, en faisant entendre une nouvelle note sensible. Les secondes suspendent l'idée du ton qui ne revient qu'à la fin. Il suit de là que, n'ayant pas de gamme déterminée, les accords se placent indistinctement à toutes les notes de la gamme. De là aussi cette multitude de septièmes et de quintes diminuées sans résolution.

ARTICLE II.

DE LA SEPTIÈME DE SECONDE ESPÈCE.

Elle se compose de l'accord parfait mineur et de la septième mineure.

(Ex: **73**. Let; A) On la place sur le second degré d'une gamme majeure, et alors on la résout au moyen d'une marche de deux mou_ vements de la Basse fondamentale, en passant par la dominante à la tonique.(Let: B) 1ᵉʳ renversement(Let: C) 2ᵉ idem (Let: D) 3ᵉ id (Let: E)

La septième de seconde espèce peut se résoudre par une autre septième de première espèce; en faisant monter d'un demi_ton la tier_ ce de l'accord, on module à la quinte (Let: F) et en faisant monter d'un demi_ton et la Basse et la tierce, elle devient septième di_ minuée: On module à la tierce (Let: G) et aussi à la sixte. (Let: H) Ces manières de résoudre sont justifiées par la note tenue que forme la même septième.

Quoique cette septième se trouve répétée dans le troisième et le sixième degrés de la gamme, ces septièmes sont inutiles, parcequ'au même moment qu'on l'emploie, on regarde la note de la Basse comme une seconde d'une nouvelle gamme dans laquelle il faut résoudre par les deux mouvements de la Basse déjà indiqués.

Basse à écrire. (Ex: **74**) Dans la (Let: A) c'est une succes_ sion qui module. Dans la (Let: B) c'est une autre du ton. Dans la (Let: C) une demi_cadence. Dans la (Let: D) une autre id: Dans la (Let: E) c'est une cadence parfaite.

ARTICLE III.

DE LA SEPTIÈME DE TROISIÈME ESPÈCE.

Elle se compose de l'accord diminué et de la septième mineure.(Ex: 75. Let: A.)

On la place sur le second degré du mode mineur, et on l'emploie aux tons mineurs dans les mêmes conditions que celle de la seconde espèce aux tons majeurs. Pour démontrer ce que nous venons de dire, on a transposé de *Do* majeur en *La* mineur, le même exemple cité pour la septième de seconde espèce.(Let: B)

Cet accord se compose des mêmes intervalles que celui du premier renversement de la neuvième de dominante, ou septième de sensible, avec lequel il est important de ne pas le confondre. L'accord de septième de troisième espèce se prépare, et se résout sur la septième dominante du mode mineur pour tomber à la tonique.(Let: C) La septième de sensible n'a pas besoin de préparation; elle fait sa résolution sur la tonique du mode majeur.

Le second renversement n'a pas besoin d'une double préparation puisque la quarte est augmentée.(Let: D)

Basse à écrire.(Ex: 76)

ARTICLE IV.

DE LA SEPTIÈME DE QUATRIÈME ESPÈCE.

Elle se compose de l'accord parfait majeur et de la septième majeure. (Ex: 77. Let: A)

On le place sur le sixième degré d'une gamme mineure, et sur le quatrième degré d'une gamme majeure.(Let:B) Dans le mode mineur il fait sa résolution sur l'accord de septième de troisième espèce (Let: C) celui-ci sur la dominante qui retombe sur la tonique. On l'emploie aussi comme retard de la sixte augmen_tée.(Let:D) Dans le mode majeur elle se résout à la sixte et à la quinte.(Let: E) Renversements.(Let: F)

Cet accord est très dissonant, et a besoin d'une pré_paration bien entendue.

ARTICLE V.

DES MARCHES DE SEPTIÈME.

Ces *Marches* peuvent commencer par une septième n'importe

de quelle classe, pourvu qu'elle soit préparée. Dans toutes les *Marches*, le dernier accord dissonant doit être celui de la septième dominante.

La Basse fondamentale marche par quintes en descendant et par quartes en montant. C'est ainsi que les septièmes se trouvent préparées.(Ex: 78) Premier renversement.(Let: A) Second Id:(Let: B) Troisième Id: (Let: C)

Basse à écrire.(Ex: 79)

Marche qui module ou de septième de dominante.(Ex: 80)

ARTICLE VI.

De la neuvième ou retard de l'octave d'une note quelconque, pourvu que ce ne soit pas la Dominante.

Elle se compose de l'accord de septième et de neu_vième. (Ex: 81. Let: A)

Quand la dissonance de neuvième se trouve dans la partie de la Basse, on l'appelle seconde (Let: B); et quand elle se trouve dans la partie haute, on l'appelle neuvième. (Let: C)

On l'emploie dans toutes les notes de la gamme et on la prépare par la tierce ou par la quinte. Sa résolution.

se fait ordinairement par une marche composée d'autant de mouvements de la Basse qu'il en faut pour arriver à la tonique (Let: D); cet exemple est écrit à cinq voix.

La cinquième voix sert pour compléter l'accord de septi_ ème et celui de neuvième. On double la quarte, quand elle est accom_ pagnée de la sixte, en y allant par degré conjoint. (Let: E)

Dans la musique sévère, on prépare la neuvième, quoique ce soit celle de la dominante. (Let: F) Dans la musique libre, on donne la neuvième de dominante sans préparation. (Let: G) Mais on la prépare dans les autres notes de la gamme.
Basse à écrire. (Ex: 82)

CHAPITRE VI.

Des Places des voix, ou ce qui est possible à chaque voix et à un nombre déterminé de parties.

Par le mot *Place* on entend le lieu qu'occupe une voix; c'est à dire que quand on dit *Place* de troisième voix, on entend que le passage n'est permis qu'à trois voix. De même on dit *Place* de quatrième, de cinquième, de sixième, et de septième voix. (Ex: 83)

Place de troisième voix.(Let: A) Id: de quatrième voix. (Let: B) De cinquième voix.(Let: C) De sixième voix.(Let: D) La manière d'employer cet accord, est celle qu'offre cet exemple, c'est-à-dire que la partie qui fait la dissonance ou retard, doit suivre sa marche régulière, tandis que l'autre monte par mouvement conjoint, sans s'arrêter sur la consonnance. Il faut observer que ces deux parties doivent se trouver dans deux octaves distinctes, afin de ne pas donner le retard en seconde, mais en septième ou neuvième.

Place de la septième voix.(Let: E)

Nous y avons écrit la voix de premier soprano en clef de *Sol*, afin que le lecteur s'habitue à toutes les clefs. Cette connaissance est indispensable à ceux qui se vouent à l'accompagnement: elle donne la facilité de transposer avec assurance. en changeant les clefs.

Suit une gamme à sept parties, transformée en *Marche* pour la symétrie des voix.(Ex: 84)

A six voix, quand le retard est d'un ton, la sixième voix peut descendre.(Let: A)

QUATRIEME PARTIE.

DES NOTES PRINCIPALES ET ACCIDENTELLES DE L'HARMONIE.

et

DE LA PÉDALE.

CHAPITRE I.

DES NOTES PRINCIPALES ET DES NOTES ACCIDENTELLES DE L'HARMONIE.

ARTICLE I.

Les notes *principales* sont celles qui font partie de l'accord et qui sont placées dans la série 1, 3, 5 ou bien, 1, 3, 5, 7 et leurs renversemens.

Les notes *étrangères* ou *accidentelles* sont celles qui ne comptent pas dans l'accord et qui ne sont employées que dans certains cas.

Les notes *accidentelles* servent à orner la note *principale* sur laquelle elles s'appuyent à la distance d'une seconde majeure ou mineure; en sorte que chaque note principale est entourée de quatre notes accidentelles, deux au_dessus et deux au_dessous. (Ex: **85** Let: **A**)

Dans le même exemple (Let: **B**) il y a deux notes de passage pour aller de *Sol* à *Do*. Le *La* soit naturel, *soit Bémol*, s'appuye sur le *Sol*, et le *Si* sur le *Do*.

En harmonie les notes étrangères ou de passage sont sans contredit plus nombreuses que les notes principales.

Règle générale: toute note qui n'est ni consonnante, ni dissonante naturelle, entre dans l'harmonie au moyen de la prolongation, ou comme note d'ornement.

Les notes d'*ornement* se divisent en cinq classes, savoir: Notes de passage, Appoggiatures, Syncopes, Anticipations et Pédales.

La note harmonique est suivie de la note de passage, et elle est précédée de l'appoggiature. Elles ont l'une et l'autre le privilége de n'être pas comprises dans l'harmonie; c'est pour cela qu'on les donne sans préparation. Les notes d'*ornement* appartiennent à la mélodie. Pour démontrer ce principe, prenez un chant quelconque: Supprimez en toutes les notes qui sont étrangères à l'accord et vous verrez qu'avec les notes prin_cipales seules, le chant et l'harmonie subsistent réellement. Voyez l'exemple **86** (Let: **A**) écrit d'abord avec les notes prin_cipales seules; et au_dessous avec quelques notes de passage:

on a obtenu un nouveau chant (Let: B) sans rien changer à l'harmonie. La lettre *A* indique l'*appoggiature*; la lettre *P*, la note de passage, et la syllabe *An*, l'anticipation.

La Basse a aussi ses notes de passage, ainsi qu'on le voit à la cinquième et à la septième mesure.

Les traits de la sixième et de la septième mesure peuvent être pris comme notes de passage à cause de leur Rapidité.

ARTICLE II.

DES APPOGGIATURES.

Les *Appoggiatures* s'écrivent avec des petites notes ou des notes ordinaires, car cela est indifférent à l'éxécution. On les place dans la portion forte de la mesure, principalement dans la partie qui chante et surtout dans celle qui est la plus haute. L'*appoggiature* suspend un accord. On peut lui donner telle durée que l'on voudra, pourvu qu'elle soit résolue à la note principale à laquelle elle appartient. On la donne en même temps que les notes principales de l'accord sans blesser l'oreille. Il y a cependant des cas où l'on doit faire entendre l'accord avant l'appoggiature, surtout lorsque celle-ci se trouve dans la Basse ou dans une partie intermédiaire.

On la résout en descendant ou en montant d'un degré. Dans le premier cas, on le fait au moyen des notes naturelles de la gamme où l'on se trouve. Dans le second, on le fait à la distance d'un demi‑ton de la note principale au moyen d'un ♯ ou d'un ♮.

Ces notes d'*ornement* appelées aussi notes de *Goût*, contribuent à rendre encore plus agréable la musique moderne. Leurs qualités nous fourniraient des matériaux pour remplir un gros volume, mais nous ne parlerons ici que des plus essentielles.

Nous engageons le lecteur à lire et à analyser sur ce point les partitions des meilleurs maîtres. C'est ainsi que tous, aidés de leur génie, ils se sont rendus célèbres.

ARTICLE III.

DES SYNCOPES.

La *Syncope* est le retard d'une note principale, de passage ou d'appoggiature.

Nous ne parlons ici que de la syncope dont la seconde moitié est étrangère à l'accord, en sorte qu'elle appartient à l'accord suivant. (Ex: 87. Let: A)

Pour s'assurer de l'exactitude d'une syncope, il suffit de faire commencer la note syncopée avant la moitié de sa valeur et de la faire entendre en même temps que l'accord auquel elle appar_tient. Lorsqu'en faisant cette épreuve l'harmonie n'est pas correcte les syncopes sont mauvaises.

Les syncopes allant à contre temps, il faut qu'il y ait au moins une partie qui ne syncope pas et qui marque la mesure.

Les syncopes peuvent être en même temps des notes de passage et des appoggiatures.

Notes de passage syncopées. (Let: B)

Appoggiatures syncopées. (Let: C)

ARTICLE IV.

DES ANTICIPATIONS.

Les *Anticipations* se placent dans la partie faible de la mesure. Elles sont tout_à_fait étrangères à l'accord où elles se trouvent, et elles anticipent les notes de l'accord immédiat.

Ordinairement les Anticipations ne produisent pas un excellent effet; c'est pourquoi on doit ne pas oublier que les notes d'ornement sont permises dans l'harmonie pour l'embellir et non pour la rendre dure. Toutefois, bien qu'elles n'en soient pas exclues, l'usage doit en être fort restreint et elles doivent être de courte durée. (Ex: 88.)

CHAPITRE II.

DE LA PÉDALE.

La *Pédale* parait tirer son nom des pédales de l'orgue.

Par ce nom de *Pédale* on désigne une note tenue par une voix ou par un instrument, et en particulier par la Basse, pendant que les autres parties font une imitation quelconque ou continuent la mélodie précédente. On permet d'y intro_duire des dissonnances sans les préparer; et de moduler, pourvu que les parties qui font ce travail soient combinées entr'elles suivant les règles prescrites, et comme, si le son tenu par la pédale n'existait pas, excepté à la première et à la der_nière mesure lesquelles doivent être toujours en harmonie avec la note de la pédale.

On l'emploie sur la dominante et sur la tonique.

Pour que la pédale soit regardée comme la Basse de l'har_monie, il faut qu'elle ne module pas hors du ton et qu'elle ne passe pas de la tonique à la dominante. On peut y employer les notes de passage, les appoggiatures, les syncopes et les prolongations.

Pédale sur la dominante avec des accords pris dans la même gamme de *Do*. (Ex: 89 Let: A)

Pédale sur la tonique avec des accords étrangers à la gamme. (Let: B)

Quelque fois la tonique et la dominante se trouvent ensemble: il ne faut pas pour cela croire qu'il y ait deux pédales. La véritable pédale est celle de la tonique. La domi_nante n'est qu'une note prolongée qui doit être bonne avec les accords qui se succèdent. (Let: C) A partir de la quatrième mesure, la Basse fait les notes de la pédale en arpège. Quant aux accords en arpège, nous ferons observer que, pour qu'ils soient corrects, il faut les considérer comme s'ils étaient réunis: si, dans ce dernier cas, ils sont défectueux, ils le se_raient également en arpège.

Quand la pédale n'est pas d'accord avec l'harmonie qui l'accompagne on ne peut la considérer comme la vraie basse;

cette basse réelle doit se trouver dans la partie inférieure de l'harmonie, comme si la note tenue de la basse n'éxistait point.

La meilleure *Pédale* est celle qui devient presque autant de fois note réelle que note accidentelle. Comme elle satisfait par ces alternatives de tonalité avec l'harmonie, de même elle deviendrait insupportable si elle établissait absolument par une cadence un ton étranger à la note tenue.

Supposé l'exemple de la (Let: D) Le ton de *Si* est si bien établi depuis la 3ᵉ mesure jusqu'à la 6ᵉ, qu'on oublie tout_à_ fait la tonalité de la pédale; que cette note blesse désagré_ ablement l'oreille; et que, lorsque le ton se rétablit dans la 6ᵉ mesure, il ne détruit pas aussitôt, comme il le devrait, le mauvais effet qui a été produit. Pour tout cela les modulations étrangères à la gamme de la pédale ne doivent être qu'indiquées et sans y faire entendre la cadence.

On emploie aussi des sons soutenus dans les parties intermédiaires et supérieures; mais avec d'autres conditions. Dans ce cas la note tenue doit être dans l'harmonie des accords; car si cette note devient une dissonance de re_ tard contre une des parties, elle doit se résoudre en des_ cendant, ainsi qu'on le voit dans l'avant dernière mesure de cet exemple.(Let: E)

Comme le son soutenu permet des notes de passage et la suspension de la résolution de l'accord de septième de seconde espèce, selon que nous avons déjà dit; quelques au_teurs l'appellent improprement *Pédale*.

CINQUIÈME PARTIE.

DE LA MÉLODIE, DE L'IMITATION ET DE LA COUPE DE LA MUSIQUE VOCALE ET INSTRUMENTALE.

CHAPITRE I.

ARTICLE I.

DE LA MÉLODIE.

La Mélodie est une succession de sons ordonnés suivant les règles du rhytme. Elle diffère de l'harmonie en ce sens que celle_ci est l'union simultanée des sons. (Ex: 90) Mélodie. (Let: A) Harmonie. (Let: B)

La *Mélodie* proprement dite, c'est le discours musical. Elle concourt avec l'harmonie dans tous les effets de la musique, et la réunion de ces deux puissances musicales fait l'objet de la Composition.

Dans les compositions à plusieurs voix ou instrumens, le Compositeur exprime ses idées, et peint tel ou tel sentiment au moyen d'un chant. La voix ou l'instrument qui porte ce chant s'appelle *Mélodie* principale ou partie principale. Il s'en suit que la *Mélodie* est une partie essentielle de toute composition musicale, et que l'harmonie, quels que soient ses avantages et ses qualités, lui est toujours subordonnée.

ARTICLE II.

DU RHYTME.

Le *Rhytme* est la symétrie parfaite dans la distribution des cadences. Il s'applique particulièrement à la valeur des notes ou à la mesure. Il équivaut en quelque sorte à la virgule, au point et virgule, aux deux points, et au point final. Ces signes servent à diviser les parties du discours; si on les supprime, il en résulte une confusion de mots sans signification. Il en est de même, lorsqu'on enlève au chant son *Rhytme*. Un quart de cadence équivaut à la virgule; une demi-cadence au point et virgule et aux deux points, et la cadence parfaite au point final.

Il y a différentes espèces de **Rhytme**, savoir les **Rhytmes** de deux, de trois, de quatre, de cinq, de six et même de huit mesures.

La cadence ou point de repos doit toujours venir au temps fort, ou dans la première partie de la mesure, pour être plus sensible à l'oreille. Afin qu'une pensée musicale se trouve au complet, il faut qu'il y ait au moins deux mesures et par conséquent deux temps forts dont l'un dans la première mesure, lequel sert à commencer la pensée, et l'autre de repos, dans la mesure suivante qui sert à la terminer.

Lorsque la première cadence ou point de repos se trouve à la seconde mesure, le motif aura été inventé dans le *Rhytme* à deux mesures. Lorsque la cadence se trouve aux mesures troisième, quatrième, cinquième &., le motif aura été créé dans le Rhytme à trois, à quatre, à cinq mesures, &. Les motifs à deux ou à quatre mesures sont les meilleurs, et c'est ainsi qu'ils se présentent régulièrement à l'imagination.

La première pensée une fois trouvée, et son *Rhytme* étant reconnu, elle doit être suivie immédiatement d'une autre contenant les mêmes mesures que la première, ou du moins qui s'y ajustent deux à deux. (Ex: 91.) Cet exemple contient une période composée de quatre membres ou quatre Rhythmes,premier Rhythme ou membre, composé de deux dessins chacun de deux mesures, ce menbre finit avec une demi - cadence . (Let: A.)

Deuxième Rhythme, composé de deux dessins, chacun de deux mesures. Ce deuxième membre finit avec la cadence parfaite évitée. (Let: B.)

Troisième Rhythme, composé de deux dessins chacun de deux mesures: ce membre finit avec la demi - cadence.(Let: C.)

Quatrième Rhythme, composé d'un dessin de quatre mesures: il finit avec la cadence parfaite.(Let: D.)

Pendant le cours d'une mélodie, les Rhythmes peuvent être mêlés ensemble, pourvu qu'ils se terminent en nombre pair.

Dans les mouvemens vifs le Compositeur doit supposer que les deux mesures n'en font qu'une seule, autrement il s'exposerait à ce qu'elles fussent inégales.

La théorie du Rhythme présente deux phénomènes dignes d'attention: le premier est qu'on y retranche une mesure; et le second qu'on peut en ajouter une sans que l'oreille en soit blessée. Le premier a lieu dans un Duo à imitation, lorsque la seconde partie commence dans la même mesure où finit la première . Cette mesure doit être regardée comme la mesure finale de la première partie, et comme la mesure initiale de la seconde

84

partie. Le second phénomène arrive par un point d'orgue
que l'on place sur les deux dernières notes qui précèdent la
fin. Au lieu de point d'orgue, on double parfois la valeur de
ces deux notes, ce qui augmente d'une mesure le Rhythme
final.(Ex: 92.) Le Soprano commence par un Rhythme de
quatre mesures . (Let: A .) Le Ténor répond par un autre
égal.(Let: B.) mais comme il commence dans la même mesure
où finit le Soprano, il en résulte un Rhythme de sept mesures.Le
Soprano dans la dernière mesure commence un troisième
Rhythme de quatre mesures, et comme on retarde les deux
avant dernières mesures,il en résulte cinq mesures.(Let:C) En
doublant la valeur des deux notes , on obtient le même effet
qu'avec des points d'orgue. (Let: D.)

Le *Membre* et le *Rhythme* sont employés presque de la même
manière.Ils diffèrent cependant entr'eux en ce que le Rhythme
ne fait que compter la quantité de mesures qui composent un
Membre, tandis que le *Membre* s'occupe de la pensée ou motif,
tout en ayant le même nombre de mesures que le Rhythme.

En général,les rhythmes courts sont propres aux mélodies gaies;
ceux qui sont plus longs conviennent aux mélodies sérieuses .

ARTICLE III.

DE LA PÉRIODE.

On appelle *Période* la phrase musicale qui se termine par une cadence parfaite ce qui suppose qu'elle est d'une certaine durée. Toutes les autres phrases qui ne se terminent pas de la sorte, ne sont que des *Membres* d'une *Période*. (Ex: 91.)

Les membres d'une *Période* se composent 1º de dessins égaux sans altération de notes; 2º de dessins égaux avec variation de notes; 3º de dessins inégaux . Les seconds sont les meilleurs, parcequ'ils sont plus variés que les premiers et qu'ils ont plus d'unité que les troisièmes .(Ex: 91.)

Dans les périodes composées de deux membres, on peut ajouter deux mesures à la fin du second, ou bien répéter les deux dernières. Cela sert comme de queue pour le membre et pour le Rhythme, et il suit de là que l'autre membre compte deux mesures de plus et par conséquent, un Rhythme et demi.

Voilà ce qu'il y a réellement dans une *Mélodie*; mais au mo_ment où le Compositeur l'a trouvée, elle disparait de son imagination, pour faire place au Rhythme qui vient de lui-même, sans qu'on s'occupe de le trouver. La mélodie est le produit de l'impulsion instantanée du génie, et celui qui en est privé, peut être sûr qu'une mélodie qui n'est pas inspirée, est insignifiante.

ARTICLE IV.

§ I.

RÈGLES GÉNÉRALES.

Tout morceau de musique commence par un ton donné. Le Compositeur dès le début parcourt le cercle des tons relatifs, et il choisit celui qui lui plaît davantage. Ensuite il s'étend aux plus éloignés, d'où il revient à celui par lequel il avait commencé.

Afin que cette Règle soit parfaitement observée, un Compositeur de génie doit 1º pratiquer avec promptitude tous les accords, soit pour modifier les effets du chant, soit pour fixer l'oreille aux différens tons par lesquels il passe, soit enfin pour ne pas arrêter le développement rapide du motif. Il doit présenter celui-ci avec ordre, netteté et variété, pour ne pas se trouver dans la dure nécessité de l'abandonner, parcequ'il n'aura pas dû faire tourner les accords d'une manière plutôt courte que longue, comme l'exigeait le chant que l'imagination lui avait suggéré: ce qui arrive souvent aux commençans. 2º savoir bien se servir du contrepoint double à l'octave; 3º Avoir une grande facilité pour moduler; 4º Etre bien exercé aux Marches; 5º Etre également bien exercé à développer une pensée, et à en tirer tout le parti possible. 6º Analyser la manière dont les grands Maîtres ont developpé leurs idées, et par la même occasion, voir la coupe particulière qu'on donne aux différens morceaux.

§. II.

COUPE D'UNE OUVERTURE.

Par exemple, la coupe d'une ouverture se divise en deux parties. La première sert à exposer les idées, et la seconde à les transporter et à les développer.

La première partie commence par le motif ou première idée principale composée d'une période complette plus ou moins longue, et qui doit finir au ton principal. Supposons que ce ton soit celui de *Do*, mode majeur. Il y a des motifs qui comptent depuis huit jusqu'à vingt-quatre mesures et au delà. Lorsqu'on veut l'allonger, on le répète, mais avec une légère variation, soit à loctave, soit par un autre instrument. Le *Motif* une fois composé, on fait un intermède composé d'idées secondaires que l'on module jusqu'à ce qu'on aît effacé l'impression du ton primitif, et alors on passe à la Dominante *Sol* qui devient une nouvelle tonique. Cet intermède doit avoir au moins six mesures ou à-peu-près, afin d'arriver à la dominante du nouveau ton de *Sol*. Si on veut l'allonger, on peut y mettre de vingt à trente mesures et même au-delà en faisant une pédale à la dominante de *Sol*. Ici on écrit un nouveau motif en *Sol*, de ceux qui se gravent dans la mémoire, et pour lequel, on doit suivre les règles que nous venons de tracer pour le premier motif. Ensuite on compose un *Crescendo*. Lorsqu'on arrive au forte de ce *Crescendo*, il faut reprendre l'idée du premier intermède, ou en inventer une nouvelle en modulant sans cesse. C'est là que le Compositeur peut déployer plus particulièrement son génie. Après avoir passé par des tons différens, on s'arrête ordinairement sur la Dominante du ton primitif, dans laquelle on peut faire une pédale, et de là il est facile de conduire l'harmonie pour passer à la seconde partie.

La seconde partie de l'ouverture commence ordinairement par le motif principal en *Do*; mais lorsqu'il est long, il faut le réduire. Il y a deux manières de continuer; la plus simple, c'est de prendre tout-à-coup le second motif en le transposant de *Sol* en *Do*; l'autre consiste à prendre quelque partie des idées du premier intermède, et à le moduler par d'autres tons différens, après avoir répété le motif primitif en *Do*. Cela sert à préparer de nouveau le ton de *Do*. Alors on transpose en *Do* tout ce qui a été exécuté en *Sol* dans la première partie.

On développe encore les idées, mais brièvement et en les modulant autrement que dans la première partie. On finit l'*Ouverture* par une queue (*coda*) intéressante.

Lorsque le morceau est écrit en mode mineur, par exemple en *La* mineur, l'intermède doit être modulé vers la dominante de *Do*, et il faut composer le second motif et le *crescendo* en *Do*. L'intermède, pour passer à la seconde par_tie, doit finir en *Mi* dominante de *La*. La seconde partie com_mence par le premier motif en *La* mineur. On passe encore à la dominante de *La*, et on transpose en *La* majeur tout ce qui a été fait en *Do* majeur dans la première partie. Pour la fin, on ne doit pas oublier ce que nous avons dit relative_ment au mode majeur.

On peut aussi la terminer dans le mode mineur en transposant ce qui a été fait en *Do* majeur dans la première partie, en *La* mineur dans la seconde, pourvu que le chant le permette. Mais il ne faut pas oublier que lorsqu'elle finit dans le mode majeur, ainsi que nous l'avons dit, elle est beaucoup plus brillante.

Telle est, en général, la conduite d'une ouverture, et même celle d'un grand chœur. Cependant, on supprime quelquefois les intermèdes et l'on passe tout à coup du premier motif à la nouvelle tonique.

§ III.

COUPE DE LA SYMPHONIE, DU SEXTUOR, DU QUINTETTE, DU QUATUOR, DU TRIO ET DU DUO.

En Italie, on appelle ordinairement symphonie l'ouverture qui précède un opéra, un ballet, &.

Ici par le mot *Symphonie* nous entendons la réunion de quatre morceaux, savoir; 1º Un **Allegro**, quelquefois précédé de même que l'ouverture, d'une introduction assez courte d'un mouvement lent, pour faire contraste avec l'allegro. Cette introduction se termine toujours sur la Dominante: 2º Un Andante varié, un Cantabile ou un Adagio; 3º Un Menuet ou *Scherzo*; 4º Un finale ou *Rondo*.

En général, une ouverture est destinée à être exécutée devant le public; mais lorsqu'on écrit pour des connaisseurs, comme il arrive dans cette sorte de composition, voici la manière de la traiter.

On divise le premier Allegro de la symphonie en deux parties: Dans la première on propose les idées; ensuite, au commencement de la seconde partie on prend quelques-unes des phrases exposées dans la 1ʳᵉ, qui sont les plus susceptibles d'un heureux développement, en les combinant de différentes manières, afin de produire des effets imprévus et surprenans. Cette sorte d'imitation s'obtient en modulant continuellement, et en transposant les idées ou phrases en divers tons pour leur donner la plus grande extention possible, en inventant des successions avec les mêmes

phrases ou quelques unes de leurs parties pour faire tour_à_
tour de nouvelles imitations ou canons. On peut ajouter à la
phrase un nouveau thème, comme une espèce de contre_sujet en
contre_point double. Il faut observer que si l'idée est trop lon_
gue, il ne convient pas de la développer toute entière, alors il
suffit de développer les premières mesures ou de choisir les
passages les plus saillants, afin d'en tirer le meilleur parti.
Pour cela il faut écrire séparément les idées de l'exposition
qu'on veut développer, et en les comparant les unes avec les
autres on forme le plan de tout ce qué l'on se propose d'en
faire. On les emploie séparément, d'abord une partie, ensuite
la seconde, enfin la troisième.

Cependant on peut dialoguer avec deux ou trois phrases
en même temps.

Le développement de la première partie une fois achevé,
on la termine ordinairement à la quinte. On commence ensuite
la 2.ᵉ partie, en suivant le même dessin que dans la 1.ʳᵉ, en développant
davantage les idées des intermèdes; d'où l'on comprend que tout l'art
du compositeur consiste à inventer, combiner, et développer les idées.

Pour cette sorte d'ouvrage il est des grands modèles à con_
sulter. Faire l'analyse des compositions de Haydn de Mozart,
de Beethoven et d'autres compositeurs célèbres.

§ IV.

COUPE D'UN MORCEAU DIVISÉ EN TROIS PARTIES.

1.ʳᵉ partie. On propose les idées sans sortir du ton, à l'exception de quel_
ques modulations passagères. Cette partie peut s'étendre de 24 à 50 mesures.

2ᵉ. Partie. Sans faire aucune modulation intermédiaire, on présente une nouvelle exposition dans un ton relatif du premier; pour l'ordinaire on la fait à la sous-dominante. Son étendue est à peu près celle de la première partie.

3ᵉ. partie. Elle commence, comme la première, dans le ton avec le motif premitif. Pour former la *Coda* on développe les idées les plus remarquables des parties précédentes.

La Coda se compose 1° des idées nouvelles pourvu qu'elles soient analogues au reste du mormeau, 2ᵉ des idées nouvelles mélées avec d'autres déjà entendues; 3ᵉ des idées déjà entendues, en ayant soin au moment du développement de réserver les plus saillantes et à propos pour produire le meilleur effet.

Cette coupe s'observe plus particulièrement dans l'Adajio; mais si on lui donne un développement plus considérable dans la 3ᵉ partie, on peut en faire un Allegro final. Dans ce cas, cette 3ᵉ partie devient beaucoup plus longue qu'aucune des deux autres.

<h2 style="text-align:center">§. V.</h2>

COUPE DE L'ANDANTE OU ADAGIO.

De même qu'on peut donner à un Allegro toute l'extention voulue dans le développement des idées, il convient que le Largo soit moins étendu; car sans cette précaution, il deviendrait lourd et ennuyeux. L'Andante doit toujours tenir un juste milieu entre l'Allegro et le Largo.

La composition de l'Andante peut se faire de différentes manières: on peut proposer un motif et lui donner ensuite un développement convenable, après lequel on introduit un nouveau motif qui doit être développé comme le premier; et, si l'on veut, on peut en faire de même avec un troisième motif.

§. VI.

ANDANTE AVEC VARIATIONS.

Il se compose ordinairement de deux parties de huit mesures chacune: s'il est écrit dans le mode majeur, on termine d'ordinaire la première partie à la quinte avec une cadence parfaite; et la dernière dans le ton; ou, si l'on veut, huit mesures avec une demi-cadence sur la dominante; ensuite on répète la première partie en terminant sur la tonique.

Si on écrit en mode mineur, en *Ré* par exemple, la 1.re partie peut se terminer en *Fa* majeur, et la 2.e, en *Ré* mineur; ou, si l'on veut, huit mesures avec une demi-cadence sur la dominante de *Ré* mineur, ensuite on répète la 1.re partie en finissant sur la tonique.

La 1.re Variation doit être très simple. Après la 3.me on peut faire un épisode d'environ vingt mesures avec une modulation continuelle pour laisser reposer le thême et le ton. Quatre ou cinq variations et une courte *Coda* suffisent pour ne pas fatiguer les auditeurs.

§. VII.

COUPE DU MENUET ET DU SCHERZO.

Le Menuet des symphonies est d'un mouvement plus vif que celui dans lequel on les jouait autrefois pour le ballet: et encore on exécute ceux de Mozart avec plus de vivacité que ceux de Haydn.

Il se compose ordinairement de deux, trois, ou plus de parties de huit mesures chacune avec reprises; ensuite on écrit un Trio qui doit être composé de deux parties ou plus, en gé_néral dans un ton relatif, en composant une phrase plus intéressante que le reste du Menuet: après avoir répété la dernière partie, on revient au commencement du Menuet, et on termine avec la partie qui finit au ton; si l'on veut on peut y ajouter une *Coda*.

Il y en a avec deux Trios, chacun composé dans un ton différent. Après le premier Trio on revient au Menuet sans reprise, après le second Trio on developpe quelque fragment du Menuet, et l'on fait entendre, si l'on veut, quelque phrase du premier Trio, en terminant par une petite *Coda*.

Il y a aussi une autre forme de Menuet sans Trio. Après la première partie, au lieu d'en écrire une seconde, on développe les idées les plus saillantes de la première, et on termine par une *Coda*. On peut ainsi écrire cinq ou six périodes, dont deux ou trois doivent être dans différens tons; on continue avec les mêmes idées, mais en les développant, soit en interver_tissant l'ordre, soit en les transposant dans d'autres tons; en transportant le chant dans un autre instrument: on termine toujours par une *Coda*.

Le Scherzo est un morceau à trois temps, d'un mouvement vif et brillant. Son exécution est légère et pour ainsi dire, en badinant. C'est pourquoi on lui donne le nom de *Scherzo*, (*Badinage*.) On doit plutôt détacher que lier les notes, en l'éxécutant. Sa coupe est le plus souvent la même que celle du premier Allegro. On peut prendre pour motif quelque chant déjà entendu dans les deux morceaux précédens.

§ VIII.

COUPE DU RONDEAU.

Il s'agit ici du Rondeau qui peut servir de finale à une symphonie, Quatuor, Quintete, &c. On compose un motif d'une ou deux parties, avec ou sans reprise. Le motif peut avoir environ 24 me_sures; ensuite on propose de nouvelles idées, à la sixte mode mineur, ou à la quinte sur laquelle on s'arrête. On amène l'harmonie pour répè_ter le premier motif qui doit être coupé, s'il est trop long; il faut qu'il soit de huit à seize mesures: on doit le terminer dans le ton.

En commençant dans la quarte du ton, on propose deux ou trois motifs peu étendus, entre mélés de courtes idées accessoires: après quelques modulations, en évitant le ton principal et celui de la quinte, on s'arrête sur la Dominante primimitive, on amène l'har_monie pour répéter une seconde fois le motif, en le coupant et le terminant toujours sur la tonique comme la première fois.

On propose de nouveau quelques motifs courts et entremélés d'idées accessoires; on module en évitant les tons qu'on a déja employés dans les deux reprises précédentes; on s'arrête sur la Do_minante, et on amène l'harmonie pour répéter une dernière fois le motif; ici on peut le répéter en entier tel qu'il a été proposé au commencement, mais sans reprises. Enfin on choisit les passages les plus remarquables parmi ceux qui ont été proposés, et on en répète la plus grande partie dans le ton primitif en les développant par une modulation passagère, sans oublier le ton primitif. On finit par une *Coda* prise de quelques uns des motifs qui ont été proposés.

§ IX.

DU PRÉLUDE.

On entend, en général, par Prélude, quelques périodes improvisées sur un instrument.

Ces périodes sont simples ou variés, ou développés.

Il y a des Préludes écrits soit pour l'orgue, soit pour l'orchestre. Leur caractère est analogue à celui des Préludes improvisés.

Le Prélude se compose d'une courte phrase mélodique qu'on promène dans toutes les parties, si on écrit pour l'orchestre, et en modulant fort souvent. On le termine dans le ton ou on l'a commencé, sans le diviser en phrases ni en périodes symétriques. Sa longueur peut s'étendre de 30 à 40 mesures.

On appelle aussi Prélude, un trait que le musicien fait passer par les principales cordes du ton, pour l'annoncer, pour s'assurer si l'instrument est bien d'accord, et préparer les auditeurs à écouter ce qu'on va exécuter.

§ X.

DE LA MUSIQUE VOCALE.

Dans la *Musique vocale*, il n'est pas si facile de développer les idées que dans la *Musique instrumentale*. La cause de cette difficulté est qu'on ne peut prendre l'intonation aussi facilement avec la voix qu'avec les instrumens. Cependant on peut, dans un *Chœur* développer les idées, particulièrement au moyen des Contrepoints et du *Genre-Fugué*. Lorsque un *Chœur* est accompagné d'un orchestre, on peut en tirer un parti de développement aussi grand que celui de la Musique *Instrumentale* proprement dite.

Il n'est pas question ici de quelques compositions qui n'admettent point de développement par exemple, la Cavatine, le Nocturne et d'autres morceaux de peu d'intérêt qui disparaissent après quelque temps de vogue.

Il y a des chœurs concertans à trois, à quatre, à cinq et à six voix, qui forment une pièce de musique. Il y en a d'autres qui sont ac_cessoires et ne servent que pour accompagner un Air, un Duo, &c

Quand on compose à huit parties réelles, on les distribue or_dinairement en deux chœurs. Il y a aussi des compositions à trois *Chœurs* et plus, dans lesquels on peut mettre seulement deux voix pour former un *Chœur*, deux voix ou plus pour former un autre, &avec ou sans accompagnement d'Orchestre.

Les coupes données pour l'Orchestre peuvent s'appliquer aux voix avec quelques légères modifications.

Un *Chœur* s'écrit ordinairement avec la même coupe qu'une ouverture.

Dans l'air, le duo, le trio et le quatuor, la coupe se fait suivant l'exigence du vers. Ils sont presque toujours accompagnés par l'Orchestre ou le Piano.

Ils sont ordinairement précédés d'un récitatif, et ils se composent de deux et même de trois airs qui ont chacun leur ritournelle; ils sont souvent entrecoupés si les paroles l'exigent. Le morceau est toujours terminé par l'Allegro appelé par les Italiens *Cabaletta* qui s'unit aux *Chœurs*, et se répète au moins deux fois. La *Cabaletta* est une pensée légère et mélodieuse qui flatte; elle est composée dans un rhythme bien marqué qui la fait rester très facilement dans la mémoire, pour terminer la pièce d'une manière saillante.

Dans la *Coda*, très souvent les instrumens accompagnent les voix, afin de donner par l'ensemble, toute l'énergie et l'intérêt possibles au Finale dont dépend souvent le succès de toute la pièce.

CHAPITRE II.

DE LA BASSE SOUS LE CHANT.

La difficulté principale pour trouver la Basse d'un chant quelconque, consiste dans le grand nombre des notes d'*ornement*. En effet, il est des circonstances où l'on peut à peine distinguer l'existence des notes auxquelles elles appartiennent. Cela a lieu sur tout à cause de la durée des appogiatures, qui surpasse presque toujours celle des notes principales. (Ex: 86.)

Si on n'a pas oublié ce que nous avons dit au Chapitre Ier de la quatrième partie, en parlant des notes accidentelles dans l'harmonie, on n'aura point de difficulté pour appliquer avec opportunité l'accord au chant. La connaissance du Rhythme sert aussi de guide pour se faire une idée des accords sur lesquels elle s'applique. Voyez encore (l'Ex: 91.) qui peut se diviser en quatre Rhythmes, ainsi qu'on le voit par les points de repos placés à la même distance les uns des autres. Chacun de ces Rhythmes peut être divisé aussi en deux parties égales qui ont chacune leur petit point de repos.

Pour écrire l'harmonie de ce chant, le lecteur doit se rappeler ce qui a été dit au Chapitre VII de la première partie où l'on voit comment se trouvent dans la gamme les accords convenables pour l'accompagnement d'un chant quelconque.

La gamme renferme tous les accords parfaits, sensibles et dissonans, ainsi que la formule pour la cadence. Par conséquent tout morceau de musique doit commencer par l'accord parfait de la première note, de là passer à la quinte et se terminer par l'accord de la tonique par où il commence; autrement l'oreille ne serait pas satisfaite.

Le commençant doit être bien exercé à distinguer les notes de passage des notes réelles. On sait du reste d'après ce qui a été dit au Chapitre IV de la troisième partie, que chaque ton a ses relatifs, qui, étant formés de la gamme mineure, doivent avoir les mêmes relations que le ton principal. Au moyen de ces observations, qu'on ne doit jamais oublier, on trouvera facilement la manière d'accompagner la première période, pour le moins d'un chant quelconque.

L'harmonie de la première période une fois trouvée, on cherchera celle de la seconde, de la troisième, de la quatrième, et ainsi de suite. Ces nouvelles périodes ne peuvent que passer à d'autres tons plus ou moins éloignés qui ont les mêmes qualités que le primitif et sont construits de la même manière.Par conséquent les indications que nous avons données pour la première période,peuvent servir aussi pour ces derniers.

Comme confirmation de tout ce que nous venons de dire, nous présenterons ici l'analyse de (l'Ex:94.) cité plus haut, en supposant le chant sans accompagnement.

Ce chant est écrit dans le ton de *Si* ♭, du mode majeur, ainsi qu'on le voit par les accidens de la clef. Par conséquent on devra commencer par l'accord parfait majeur de *Si* ♭; avec cet accord nous avons déja l'harmonie de la première mesure; celle dans laquelle se présentent précisément la tonique et la tierce.On ne tient pas compte du *Do* ni du *Mi bémol*, parceque ce sont des notes de passage. Vient ensuite le *Fa* qui, sans sortir de la seconde mesure, revient au *Si bémol*. C'est pour cela que l'on conserve l'accord de *Si bémol*.Le Chant continue par deux croches en *Sol* et deux autres en *Mi bémol*, et à la mesure suivante elles sont suivies de *Do*. Il est évident que les croches appartiennent à la sous-dominante, et le *Do*, qui fait un repos,indique l'accord de la dominante *Fa*, *La*, *Do*,résultant d'une cadence imparfaite. C'est ainsi que se trouve écrite l'harmonie du premier membre.

Le second *membre* commence par *Fa, Do, Ré, Mi bémol,*
Fa, La, Sol. Les notes *Do, Mi bémol, Sol* sont réelles ; les
notes *Ré, Fa*, sont des notes de passage, et la note *La* est
une appoggiature. Tout indique l'accord de *Do*, de même
que les deux double-croches suivantes *Mi bémol, Do*,
suivent deux croches en *Si bémol* et deux autres en *Do*,
suivies dans l'autre mesure de *Do ♯*, et de *Ré*. Les deux
croches de *Si bémol* indiquent l'accord en *Si bémol*, et,
comme elles préparent la cadence, leur harmonie s'écrit
ici avec le second renversement de la dominante, le *Do* entre
dans l'accord de la dominante et, comme cet accord porte les
notes sensibles *La, Mi bémol*, il nous conduit précisément à
la tonique, en faisant à la Basse une cadence parfaite. Mais
le chant, avec l'appoggiature de *Do ♯* retardant le *Ré*, l'évite
en l'obligeant de continuer avec celui-ci. C'est là un des
moyens qui s'emploient, quand on veut allonger une période.
En continuant ce procédé, on trouvera la manière d'accompagner les membres suivants.

Toute phrase ou période, tout membre, toute mélodie
quelle que soit son étendue, doit contenir la cadence parfaite ou l'imparfaite. Quelque accord intermédiaire qui
puisse se présenter, il ne sera pas difficile de le découvrir,

après avoir fixé les tons principaux par lesquels passe le chant, car ordinairement ces accords sont toujours les mêmes dans toutes les compositions.

Il ne suffit pas de donner les accords correspondans au chant, car cela ne satisfait point tout-à-fait l'oreille. Il faut en outre donner un mouvement mélodique à la Basse. Cela depend du goût, du génie et de la pratique. Les mouvements du chant ne conviennent pas à la Basse. Celle-ci devant être le soutien de toute l'harmonie; il est convenable qu'elle fasse entendre aussi souvent que possible les notes les plus carac_téristiques du ton, telles que la première, la quarte et la quinte. Du reste, le mouvement de la Basse doit être simple et majestueux, et elle doit avoir une valeur soutenue, afin d'éviter la confusion.

CHAPITRE III.

ARTICLE I.

DE L'IMITATION.

La musique *Imitative* doit être considérée sous deux aspects différens. En effet, d'un côté elle sert à imiter la nature, et de l'autre elle est un artifice musical qui consiste dans la répétition immédiate d'une phrase proposée ou chantée par une autre voix ou instrument, soit à l'unisson, soit à quel_ que intervalle de la gamme.

Quoique les *Imitations* des voix ou des instruments puissent se faire à l'unisson, à la seconde, à la tierce, à la quarte, à la quinte, à la sixte, à la septième et à l'octave, ainsi qu'on le voit par (l'Ex: 100.); cependant, celles que l'on fait à la quarte, à la quinte et à l'octave sont préférables par leur exactitude, car elles imitent le demi_ton par un autre demi_ton, la tierce majeure par une autre tierce majeure et ainsi de suite pour tous les autres intervalles.

L'*Imitation* qui a pour objet non seulement la valeur des notes, mais encore la marche des intervalles, prend le nom de *Canon*, de *Réelle*, de *Régulière*, ou d'*Obligée*. (Ex: 100) Par opposition, on appelle *Irrégulière*, *Libre*, ou *Rhythmique* celle qui n'imite que la valeur des notes. (Ex: 93. Let: A.)

Les *Imitations* peuvent être faites par mouvement con_ traire, en montant aux intervalles qui dans l'*Imitation* proposée, étaient descendans et vice_versâ. (Let: B.)

Il y a d'autres *Imitations* insignifiantes, appelées *Imitations* à contre_temps, interrompues, périodiques, &c dont on pourra prendre connaissance, en lisant le traité de *Fugue de Marpurg*. Nous terminerons cet *article* par les *Imitations* en *diminution,* (Let:C.) augmentation (Let: D.), et les *rétrogrades* (Let:E.)

L'Imitation par *diminution* a lieu en diminuant dans la réponse la valeur des notes, ainsi qu'on le voit dans (l'Ex: 93. Let:C.) Elle sert à animer et à donner de la force pour passer du piano au forte, &c

L'Imitation par *augmention* produit un effet bien pâle et c'est pour cela qu'on s'en sert rarement . (Let: D.)

L'Imitation rétrograde est un *canon* qu'on combine de fa_ con que lorsque la partie qui propose le sujet ayant fini de le chanter, doit commencer de la dernière note et poursuivre en reculant jusqu'à la première. Le guide indique l'entrée de la partie qui répond, celle_ci doit commencer à la première note, aller jusqu'à la fin, et poursuivre à reculons, de la même manière que la première. (Let: F.)

ARTICLE II.

DES IMITATIONS DES BASSES.

Pour composer à huit voix et à deux chœurs, on fait des *Imitations* libres des *Basses*, soit sur un sujet libre soit sur un thême de plain_chant. On trouvera un exemple pour chacune des deux manières à l'(Ex:94.) Basse du 1er Choeur (Let.A.) Basse du 2d Choeur.(Let.B.) Imitations libres à deux chœurs (Let.C.) Imitations sur le plain_chant du premier ton de l'Eglise, placé dans la partie de haute_contre.(Let.D.) Lorsqu'une des Basses fait le plain_chant, le Ténor du même choeur doit faire les imitations avec la Basse de l'autre choeur.

L'élève pourra écrire l'harmonie de ces Basses,en y ajoutant les voix de Soprano,de Contralto et de Ténor pour chaque Choeur. Plus tard,quand il saura écrire la fugue, il s'exercera à fai_ re d'autres imitations de Basse de sa création.

Il y a des *Imitations* qui présentent un si grand nombre d'entrées,que les deux Basses ne suffisent pas pour les mettre toutes à profit. Dans ce cas,on y fait entrer une des parties de l'harmonie; ce qui produit un très bon effet.

Pour exécuter cette musique,on lui donne un accompagne_ ment continu et chiffré pour l'orgue,et pour la Contrebasse.

Pour composer à douze voix et à trois choeurs,on fait les imitations à trois Basses,dont chacune d'elles avec les trois voix d'harmonie forment un choeur séparé.

SIXIEME PARTIE.

DU CONTREPOINT DOUBLE OU RENVERSABLE, DU CANON

DE LA FUGUE ET DU GENRE FUGUÉ.

CHAPITRE I.

ARTICLE I.

CONTREPOINT DOUBLE.

Le *Contrepoint double* consiste à renverser la partie haute à la Basse et réciproquement, sans que l'harmonie cesse pour cela d'être correcte.

La pratique de ce Contrepoint est fort nécessaire pour toute sorte de composition et principalement pour la Fugue.

Quoique le *Contrepoint double* ainsi que les *Imitations*, la *Fugue* et le *Canon* appartiennent spécialement au style religieux, cependant on entend avec plaisir, dans la musique de cham_bre les fugues des grands Maitres, et dans quelques finales d'opéra, on entend avec satisfaction des *Contrepoints doubles* et des *Canons*.

On peut renverser tous les intervalles de la gam_
me, mais nous ne parlerons ici que des trois qui sont
le plus en usage, savoir: à l'*octave*, à la *dixième* et à la
douzième.

Dans les exemples suivants on distingue la partie qui fait
le Contrepoint, parce qu'elle commence après le thème, de la mê_
me manière qu'on le pratique dans le contrepoint fleuri.

ARTICLE II.

DU CONTREPOINT DOUBLE, RENVERSABLE À L'OCTAVE.

Ce *Contrepoint* étant le plus utile de tous, on doit le
pratiquer de préférence aux autres, aussi bien sur le Plain_
chant que sur tout autre thème.

Pour plus d'intelligence, nous présentons ici le tableau
des renversements.

$$1, \quad 2, \quad 3, \quad 4, \quad 5, \quad 6, \quad 7, \quad 8.$$
$$8, \quad 7, \quad 6, \quad 5, \quad 4, \quad 3, \quad 2, \quad 1.$$

La quinte doit être traitée comme la quarte, c'est-à-dire
qu'il faut la préparer, ou la considérer comme note

de passage, de même que la seconde et la septième. La dissonance de neuvième ne peut être employée, puisqu'elle ne pourrait être renversée.(Ex:95.Let A.) Renversement.(Let.B.)

Si l'on a soin de donner les tierces et les sixtes en mouvement contraire, on pourra ajouter une partie au Plain-chant et une autre au Contrepoint, en tierces supérieures ou inférieures. Dans ce dernier cas, on tombera dans le mode mineur, et il faudra élever d'un demi-ton la note sensible.

Avec des tierces supérieures. (Let.C.)

Renversement avec des tierces inférieures et quelques inter-valles altérés à cause des modulations qui sont produites.(LetD.)

Les Basses des Contrepoints ordinaires, données aux (Exemples 27 et suivants,) peuvent servir pour s'exercer dans les Contrepoints doubles.

ARTICLE III

DU CONTREPOINT DOUBLE, RENVERSABLE A LA DIXIÈME.

On applique à ce Contrepoint les règles prescrites pour le précédent. Seulement il faut observer que les tierces et les sixtes marchent par mouvement contraire ou oblique afin d'éviter les octaves et les quintes de suite. La quarte, la septième et la neuvième y sont employées comme des no_tes de passage ou comme des prolongations.

TABLEAU DES RENVERSEMENTS.

1, 2, 3, 4, 5, 6, 7, 8, 9, 10.

10, 9, 8, 7, 6, 5, 4, 3, 2, 1. (Ex: 96.)

La pause de la quatrième mesure divise le rhythme.(Let A)

Renversement du Contrepoint à la dixième inférieure.(Let B).

Renversement du Plain_chant à la dixième supérieure.(Let C.)

Le lecteur s'exercera à ajouter des tierces à ce Contrepoint, ainsi qu'on l'a fait pour le précédent.

ARTICLE IV.

DU CONTREPOINT DOUBLE, RENVERSABLE A LA DOUZIÈME.

Ce Contrepoint offre l'emploie de la tierce, de la quinte et de l'octave. Tous les autres intervalles deviennent dis_sonants dans le renversement. C'est pour cela qu'il ne faut les employer que comme des notes de passage, ou comme des prolongations.

TABLEAU DES RENVERSEMENTS.

1, 2, 3, 4, 5, 6, 7, 8, 9, 10, 11, 12.

12, 11, 10, 9, 8, 7, 6, 5, 4, 3, 2, 1. (Ex: 97. Let. A.)

Renversement du Contrepoint à la douzième inférieure. (Let. B.)
Renversement du Plain-chant à la douzième supérieure. (Let. C)
Avec des tierces ajoutées. (Let. D.)
Renversement. (Let. E.)

ARTICLE V.

DU CONTREPOINT TRIPLE ET QUADRUPLE.

Le Contrepoint double ou renversable est à deux parties, comme on l'a vu dans les quatre articles précédents; le triple est à trois parties, et le quadruple à quatre.

Il y a deux manières de composer ces contrepoints: la plus facile est celle qu'on a pratiquée dans les exemples précédents, c'est-à-dire, en ajoutant à un Contrepoint double, une ou deux parties qui marchent en tierces, soit avec la partie qui fait le contrepoint, soit avec le thème.

L'autre manière consiste à faire en sorte que les par_ties puissent se renverser, sans qu'il en résulte la moindre infraction aux règles.

On peut donner la quinte de deux manières, soit en la préparant, soit en la renversant à la quinte inférieure, lorsqu'el_le se trouve dans la partie de la Basse; on comprendra mieux ceci par les deux exemples suivants.

Contrepoint quadruple avec des imitations, sur un thème donné. (Ex: 98. Let. A.) Dans le renversement, la Basse répète le chant du Soprano. (Let. B.) à la quinte inférieure. (Let. C.)

Le même thème avec l'harmonie renversée. (Let. D.) La par_tie du Soprano. (Let. E.) passe à la Basse à la quinte inférieure.

Le lecteur pourra s'exercer à écrire ce dernier exemple en renversant les voix, ainsi qu'on l'a pratiqué avec le pré_cédent dans la (Let. A.)

On s'exercera de la même manière à faire d'autres imita_tions renversées sur le même thème, ou bien sur un autre.

CHAPITRE II.

DU CANON.

Le *Canon* est une sorte de *Fugue* sans fin, ou perpétu_elle, parceque les parties se succèdant les unes aux autres, répètent sans cesse le même Chant.

Il y a autant d'espèces de *Canon* qu'il y a d'Imitations.

Les *Canons énigmatiques* des anciens n'ayant plus aucune utilité, je n'en fatiguerai pas l'attention du lecteur.

Le *Canon perpétuel* est celui où chaque partie, après avoir fini, recommence de nouveau; tandis que, dans le *Canon* avec fin, *ou non perpétuel*, on fait un finale à la partie principale, pour qu'elle se termine en même temps que les autres.

Les *Canons* les plus faciles à composer sont : le *Canon à l'unisson* et le *Canon à l'octave*. Il suffit d'inventer un Chant, et de le mettre en partition pour tel nombre de parties que l'on voudra, et pour des voix égales. Puis on en fait un seul air que l'on tâchera de rendre agréable. Pour l'exécuter, la première voix chantera seule jus-qu'au premier signe § où la seconde partie com-mence et répète le même chant, pendant que la première suit du premier signe § au second. Toutes les voix entrent successivement, jusqu'à ce qu'elles arrivent à la fin; elles recommencent toujours, en sorte que le finale général n'arrive jamais.

Canon perpétuel, à quatre voix égales. (Ex: 99.)

Suivent d'autres *Canons* non *perpétuels*, pour les sept intervalles de la gamme, sur un même Plain_chant. Cet exercice sert pour faciliter la pratique des *Episodes* dans la Fugue. (Ex: 100.) A l'unisson.(Let.A.) A la seconde (Let.B.) A la tierce.(Let.C.) A la quarte.(Let.D.) A la quinte (Let.E.) A la sixte. (Let.F.) A la septième. (Lettre G.) Plain_chant.(Let.H.)

CHAPITRE III.

DE LA FUGUE.

ARTICLE I.

La *Fugue* est le complément du *Contrepoint.* C'est une composition dans laquelle une des parties propose une phrase mélodique que l'on appelle *Thême* ou *Sujet,* et à laquelle doivent répondre toutes les parties l'une après l'au_ tre, soutenant ainsi le motif jusqu'à la fin.

Les *Fugues* se composent pour des voix sans accompa_ gnement, pour des voix avec accompagnement d'orgue ou d'orchestre,et pour des instruments sans voix.

Le Compositeur peut, suivant son génie, faire une fugue à 2, 3, 4 parties et plus. Cependant celles à 2, 3, et 4 parties produisent un meilleur effet que celles à un plus grand nombre de parties.

La *Fugue* à deux voix se compose dans le style ri_goureux. Voyez les règles prescrites au Chapitre 1.er de la seconde partie sur le Contrepoint à deux parties.

A trois voix les règles sont un peu moins sévères.

C'est à quatre voix que l'on trouve la transition du système du Contrepoint rigoureux à la composition libre.

La *Fugue* pour les instruments seuls se fait d'après le système libre, et l'on peut moduler hors des tons relatifs, c'est-à-dire, on peut augmenter de deux *dièzes* ou de deux *bémols*. Pour qu'une *Fugue* donne lieu à ces modulations, elle doit être assez longue et rester peu de temps à chaque modulation. Vers la fin de la *Fugue*, une transition hardie produit un excellent effet.

Les instruments donnent les dissonances naturelles sans les préparer. Les voix doivent les préparer ou du moins elles doivent marcher par degrés conjoints, afin de faciliter l'intonation, ainsi qu'on le voit par (l'Ex: 101.) Manière de faire usage de la septième dominante sans la préparer.

(Let. A.) Septième diminuée.(Let.B.) Sixte augmentée.(Let.C.) Premier renversement de la neuvième majeure.(Let.D.)

La *Fugue* se compose du *thême*, sujet, ou antécédent, de la réponse ou conséquent, du Contre_sujet, de l'exposition, de la con_tre_exposition, des épisodes, de l'épilogue ou strette, (Stretta,) de la pédale et de la conclusion.

On ne doit pas confondre la *Fugue scolastique* ou d'*étude*, avec celles que l'on compose pour le public. Pour les *Fugues* de la première sorte, il faut choisir un *Sujet* qui puisse être renversé, dont on puisse tirer des imitations ingénieuses pour les épisodes, et dont l'*épilogue* ou *strette* puisse être fait en conservant, s'il est possible, tout le *Sujet*.

Lorsque la *Fugue* est destinée au public, si elle est écrite pour les voix, elle doit s'adapter aux paroles; si elle est écrite pour les instruments, elle doit être brillante. Dans ces deux cas l'*Epilogue* doit être écrit d'après le caractère du motif, il doit être intelligible et suivant les règles prescrites.

ARTICLE II.

DU THÊME OU SUJET DE LA FUGUE.

Le *Sujet* de la Fugue est un motif chantant conforme au caractère que l'on veut exprimer. Si le *Sujet* est gracieux, original, énergique, &c. la fugue le sera aussi. On ne doit donc rien épargner pour le composer suivant ce qu'on voudra exprimer dans la fugue. Il faut qu'il ne soit ni trop long, ni trop court. Il doit être d'une mesure et demie au moins, de quatre mesures pour le largo, et de huit mesures au plus pour l'allegro; de manière qu'il puisse aisément se graver dans la mémoire. Il se termine à la tonique ou bien il module de celle-ci à la dominante. Comme le *Sujet* se compose d'une seule période musicale, quand celle-ci commence et finit à la tonique on y ajoute une petite phrase que l'on appelle *queue* (coda) du *sujet*. Ordinairement cette queue n'a qu'une demi-mesure, et il est rare qu'elle soit d'une mesure entière; elle sert à conduire la modulation à la quinte du ton, afin que les autres parties puissent y répondre. Au moyen de l'imitation de cette queue la modulation revient à la tonique. (Ex: 102.) Sujet. (Let. A.) Coda. (Let. B.) Réponse. (Let. C.) Imitation de la coda. (Let. D.)

ARTICLE III.

DE LA RÉPONSE.

La *Réponse* n'est que le *Sujet* transposé. Cette transposition.

varie suivant les circonstances; ce qui demande beaucoup d'adresse de la part du Compositeur.

La Réponse doit être considérée sous le rapport mélodique, sans égard pour l'harmonie.

Règle 1ʳᵉ Lorsque le sujet commence par la tonique, sans moduler à la Dominante, on transpose la réponse à la quinte sans autre variation. Cette réponse porte le nom de *Fugue réelle.* (Ex: 102.)

En général, la *Fugue réelle* commence par la Tonique et rarement par la Dominante, car il est plus naturel de répondre à la Dominante par la *Fugue* du ton. Toutefois, si par hasard on fait une *réponse réelle* à un motif qui a commencé à la Domi_ nante, on fera comme pour le second Contre_sujet de (l'Ex: 110.)

Règle 2ᵉ La Dominante répond à la Tonique et réciproque_ ment, aussi bien au commencement qu'à la fin de la réponse. (Ex: 103.) Sujet (Let. A.) Réponse (Let. B.) Sujet (Let. C.) Réponse (Let. D) Sujet (Let. E.) Réponse (Let. F.) Sujet (Let. G.) Réponse (Let. H.) Sujet (Let. I.) Réponse (Let. J.) Sujet (Let. K.) Réponse (Let. L.) Sujet (Let. M.) Réponse (Let. N.) Sujet (Let. O.) Réponse (Let. P.)

Dans ces exemples il a fallu varier la réponse, pour se conformer à la règle; attendu que le *sujet,* (même ex: Let. A) pour monter de *do* à *sol* passe par trois tons et un demi_ton, tandis que la réponse ne passe que par deux tons et un demi_ton.

Dans le même Exemple (Let. M.) on voit que la réponse ne peut jamais changer la valeur des notes. C'est pour cela que lorsqu'on répond à une seconde par l'unisson, il faut employer deux fois la même note.

Règle 3e Si le *Sujet* module de la tonique à la dominante, la réponse module de la Dominante à la tonique. Cette règle s'observe au moyen des variations que nous avons indiquées à la règle précédente. Cette manière de répondre porte le nom de *Fugue du ton.* (Ex:104.) Sujet. (Let.A.) Réponse. (Let.B.) Dans la (lettre C,) la réponse fait un saut de quarte pour en imiter un autre de quinte; c'est la manière d'observer la règle qui dit, qu'on répond à la tonique par la dominante et à celle-ci par la tonique.

On trouve quelques sujets dont les premières mesures ont tout-à-fait le caractère de la *Fugue réelle,* et qui près de la fin, modulent et se terminent tout-à-coup en *Fugue du ton.* La *Réponse* doit se conformer en tout à ces disposi_tions du *Sujet,* c'est-à-dire qu'il faut qu'elle commence en *Fugue réelle* et se termine en *Fugue du ton.* Nous donnerons à cette *Fugue* le nom de *Fugue mixte.* (Ex:105.) Fugue pour le Piano, Bach. Sujet. (Let.A.) Réponse. (Let.B.)

La réponse doit être très exacte, c'est_à_dire que, lorsque le Sujet après la première mesure a modulé à la dominante la réponse doit se trouver au même endroit à la tonique.

On doit tâcher de répondre au demi_ton par un autre demi_ton, à moins qu'on ne l'imite par une tierce. (Ex: 103. Let. O et P.)

La réponse ne doit jamais moduler à la quarte, son but étant de ramener le sujet au ton, lorsqu'il s'en écarte: elle ne sort presque jamais de la tonique à la dominante.

La *Réponse* ne peut faire d'autre changement qu'à l'inter_valle immédiat, c'est_à_dire qu'elle peut y augmenter ou diminuer d'une seconde. Dans ce cas, on répond à l'unisson du sujet par une seconde, à la seconde par l'unisson ou par la tierce et ainsi de suite pour tous les autres intervalles, excepté celui de septième diminuée, lequel ne peut être changé. On se permet rarement cette licence par rapport aux inter_valles de sixte, de septième et d'octave.

On ne doit jamais répondre à un intervalle qui monte par un autre qui descend, et *vice_versâ*.

Pour répondre aux sujets Chromatiques, on doit les con_sidérer comme s'ils étaient diatoniques. (Ex: 106.) Sujet Chromatique. (Let. A.) Réponse. (Let B) Le même sujet diatoniquement. (Let. C.) Réponse. (Let. D.)

120

On peut faire la *réponse* par *mouvement contraire*, en observant la correspondance de la tonique à la dominante et *vice-versà*. Toutefois, les *réponses par mouvement semblable* doivent être préférées.

Quoiqu'on puisse composer une *Fugue* en répondant dès le commencement par *mouvement contraire*, il vaut mieux ré_pondre à la première entrée par *mouvement semblable*; et, à par_tir de la contre_exposition, par mouvement contraire. Il est bien entendu qu'on peut dans le cours de la *Fugue*, employer la réponse par mouvement semblable, et le *sujet* lui_même par mouvement contraire.

On obtient la *réponse par mouvement contraire* au moyen des gammes de (l'Exemple 107.) Gamme pour le sujet. (Let A.) idem pour la réponse. (Let B.) Sujet d'une Fugue réelle. (Let.C.) Réponse en mouvement contraire. (Let. D.) Réponse en mou_vement direct. (Let. E.)

ARTICLE IV.

DU CONTRE_SUJET.

On appelle *Contre_sujet* ce que chante la première partie, après qu'elle a proposé le *Sujet*, pendant que la seconde fait la réponse. (Ex: 108.)

Il y a différentes manières de commencer la fugue avec le *Contre-sujet*.

On peut aussi faire entrer le *Contre-sujet*, en même temps que la première partie propose le Sujet.(Ex: 109) 1.er Violon (Let: A) 2.e Violon (Let: B). Alto (Let: C) Violoncelle (Let: D).

Lorsqu'on veut l'allonger, on peut faire toute la fugue seulement avec le Sujet, et quand on revient au ton, on peut y ajouter le Contre-sujet et recommencer avec les deux motifs.

Les Contre-sujets doivent être composés d'après les règles du contre-point double renversable à l'octave, à cause de la facilité qu'ils présentent pour le renversement des parties.

Toutes les fois qu'une partie attaque le Sujet ou le Contre-sujet, il faut avant son entrée, lui faire compter une pause plus ou moins longue, s'il est possible. De même qu'une partie qui compte des pauses doit toujours entrer par le Sujet ou le Contre-sujet.

ARTICLE V.

DE LA FUGUE A DEUX CONTRE-SUJETS.

Tout ce que nous venons de dire relativement à la fugue à un seul Contre-sujet peut s'appliquer à la fugue à deux

Contre-sujets. Ceux-ci se trouvent réunis à l'exposition, à la Contre-exposition, et même trois ou quatre fois dans le cours de la fugue.

Les Contre-sujets ne doivent pas se ressembler entr'eux, si ce n'est dans leurs rapports de modulation. Pendant l'exposition chaque partie doit faire entendre le sujet et deux contre-sujets (Ex. 110) Soprano (Let: A) Haute-contre (Let: B) Ténor (Let: C) Basse (Let: D).

Une fugue peut avoir autant de Contre-sujets qu'elle renferme de parties qui accompagnent le sujet, c'est-à-dire qu'une fugue à trois parties peut avoir deux Contre-sujets: elle peut en avoir trois, si elle est à quatre parties, et ainsi de suite. Dans ce cas elle prend le nom de double, triple ou quadruple, suivant le nombre de Contre-sujets qui-accompagnent le *Sujet.*

ARTICLE VI.

DES ÉPISODES.

Ils peuvent être composés en Contrepoint simple ou en Contrepoint double ou renversable. On peut y employer le sujet ou le Contre_sujet même par mouvement contraire soit par augmentation soit par diminution.

On peut faire des imitations, des progressions et des Canons non seulement avec les premières notes, mais encore avec tout fragment du Sujet et du Contre_sujet.

Toutes les imitations dont il est question au Chapitre III de la cinquième partie, et aux Chapitres I et II de la sixième, peuvent servir pour composer des *Episodes*.

Il n'est pas nécessaire que toutes les parties prennent part aux *Episodes*. On peut ne pas en faire dans celle qui va rentrer par le Sujet.

Comme le *Sujet* prédomine dans toute la Fugue, les motifs des premiers *Episodes* doivent être tirés plutôt du Contre_sujet que du Sujet; mais vers la fin de la fugue, il est bon de prendre les premières notes du Sujet pour faire soit un Canon soit des imitations libres, &.

Il suit de ce que nous venons de dire que, sans s'éloigner du Sujet de la Fugue, le compositeur y trouve des matéri_aux abondans pour les trois objets principaux dont les *Episodes* sont composés, savoir: des imitations de toute espèce, des épilogues ou *Strette* et leur développement. Toutefois,

124

il n'est pas défendu d'introduire un *Episode* qui n'appartient ni au Sujet ni au Contre-sujet; mais alors même il doit avoir une grande ressemblance avec le reste de la Fugue, dont il doit conserver le caractère.

Les *Episodes* peuvent compter depuis deux jusqu'à seize ou vingt mesures; mais les plus courts sont les meilleurs.

ARTICLE VII.

DE L'ÉPILOGUE OU STRETTE.

On appelle ainsi la partie de la Fugue où la *Réponse* se rapproche du *Sujet*, en diminuant l'espace qui les séparait dans le début de cette Fugue; c'est à dire que, si en commençant, la réponse au sujet s'est faite après deux ou trois mesures, dans la *Strette*, elle doit entrer après une demi-mesure plus ou moins suivant que le sujet le permettra. Si on se trouve forcé de changer quelques notes ou même la valeur du sujet et de la réponse, il faut faire en sorte que le changement ne s'effectue qu'au moment ou après l'entrée de la réponse.

Lorsque le sujet se prête à la *Strette*, il n'y a point d'inconvénient à la reproduire en entier: mais il y a des sujets tellement ingrats, qu'il est impossible de s'en servir pour la *Strette* d'une manière convenable. C'est alors que le compositeur doit employer son génie, et se borner à faire la Strette avec la première mesure ou la tête du sujet.

Un *Sujet* fort court ne fournit souvent qu'une seule *Strette*; mais on peut employer la même *Strette* plusieurs fois avec des modifications: par exemple; la 1.re fois entre la basse et le soprano, la 2.e fois entre l'alto et le ténor, la 3.e fois à trois parties; la 4.e fois à quatre parties, en commençant par la réponse, &. Avec un sujet long, on peut faire deux, trois ou quatre *Strettes*: dans ce cas, chaque fois qu'on ramène la *Strette*, on la rapproche de plus en plus de la tête du *Sujet*, la plus serrée est la principale et on la place avant ou après la *Pédale*.

ARTICLE VIII.

DE LA CONDUITE DE LA FUGUE AU COMMENCEMENT, AU MILIEU ET A LA FIN.

Supposons qu'il s'agit d'une Fugue à quatre voix et que

126

le Soprano propose le Sujet. Alors le Contralto fait la réponse à la quinte du ton, et en même temps le Soprano chantera un Contre-sujet. Lorsque le Contralto aura terminé ou sera sur le point de terminer la réponse, le Ténor commencera à chanter le Sujet dans le ton de la fugue, le Contralto dira alors le Contre-sujet, et le Soprano fera en même temps un Contre-point d'harmonie. Enfin la Basse répondra au Ténor à la quinte du ton, et le Ténor à son tour, chantera le Contre-sujet, pendant que le Soprano et le Contralto complèteront l'harmonie.

Lorsque ce n'est pas le Soprano, mais une autre voix qui commence la Fuge, on suivra la même méthode. Après que toutes les voix seront entrées, on fera un épisode peu étendu qui servira pour préparer la modulation à l'entrée de la Contre-exposition des parties et du Sujet.

La *Contre-exposition* consiste dans l'échange que les parties font entre elles du Sujet et de la réponse; c'est-à-dire que celles qui ont répondu au sujet dans le début de la Fugue, le chantent dans le ton à la Contre-exposition, et celles qui ont chanté le Sujet, y répondent à la quinte; en même temps le Contre-sujet reste à l'une des parties.

La *Contre-exposition* terminée, on fait un épisode pour conduire la modulation à un autre ton relatif qui est ordinairement la sixte ou la tierce de ce ton, et on fait entendre de nouveau dans ce ton le sujet et la réponse par toutes les parties. Ensuite on fait un épisode servant à conduire la modulation à la quarte du ton où le sujet et la réponse devront être répétés par toutes les parties.

Lorsque la dernière partie qui répond au Sujet se trouve dans le ton de la Fugue, on n'a pas besoin d'autre modulation pour passer à la Strette; ainsi on restera dans le ton, moyenant un Contrepoint qui introduira la Strette ou final de la Fugue.

Lorsque le Sujet est en mineur, on modulera à la tierce ou à la sixte son relatif majeur, et ensuite à la quarte qui est naturellement en mode mineur.

Avant de commencer la Strette, on peut suspendre l'harmonie sur la quinte du ton ou sur une dissonance par un point d'orgue. Mais, si on fait la Strette sans point d'orgue, on fera de manière à frapper l'attention, afin que l'entrée de la Strette soit mieux sentie, car c'est une des plus belles parties de la Fugue, qu'il est important de bien faire remarquer.

Après la Strette, on peut conclure la Fugue de deux manières différentes: 1° en préparant par un épisode la cadence finale: 2° en introduisant, au moyen d'un court épisode, une pédale à la Dominante, à la Basse, pendant que les autres parties font soit une imitation quelconque, soit un Canon, soit une Strette plus serrée que la première, et dont le motif sera emprunté au Sujet ou au Contre-sujet. Lorsque la *Pédale* est finie, on prépare la cadence finale par un Episode. Afin que cette disposition produise un meilleur effet, c'est la Basse qui doit entrer la première, parcequ'elle a tenu la pédale, et que par conséquent elle est restée long temps sans chanter; on peut aussi produire le même effet, en comptant des pauses et en faisant la dernière entrée de cette petite imitation.

On peut aussi faire une pédale assez longue sur la dernière note (*la tonique*) et terminer par elle la Fugue.

Ainsi que nous l'avons dit au Chapitre II de la quatrième partie, c'est aux parties intermédiaires et surtout à la partie supérieure que l'on peut placer la note tenue. En les prenant chacune à leur tour, on peut les combiner ingénieusement par une imitation quelconque.

Lorsque la Fugue est écrite dans le mode mineur, après la dernière cadence parfaite on peut faire la cadence plagale et terminer par elle au mode majeur.

Outre les pédales de la Dominante et de la Tonique de la conclusion, on peut en employer d'autres plus courtes à la tonique des tons relatifs dans le cours de la Fugue.

Telle est la marche régulière d'une Fugue à deux, à trois, à quatre ou à plus de voix ou instrumens. Cependant, il y a des circonstances qui forcent à changer une partie de cette forme.

Lorsqu'on voudra abréger une Fugue, on pourra commencer la Strette dès la première entrée du Sujet et continuer ainsi jusqu'à la fin. On abrège aussi les Fugues en n'y faisant point, autant que possible des épisodes, en supprimant la contre-exposition et les modulations de la sixte ou de la tierce du ton. Si l'on en retranche davantage, ce ne sera plus une Fugue, mais une pièce de musique du genre fugué.

Pour allonger la Fugue, on étend davantage les épisodes et on fait les modulations de la sixte et de la tierce plus développées.

Afin de donner à la Fugue tout l'intérêt dont elle est susceptible, et que sa mélodie produise un meilleur effet, il faut

que les parties qui remplissent l'harmonie pendant que les au_
tres chantent le Sujet, le Contre sujet et la Réponse, soient bien
liées et forment une sorte de contraste ou d'opposition entre elles,
au lieu d'un accompagnement simple par lequel on n'obtiendrait
qu'une harmonie triviale.

Les artifices qu'on peut introduire dans une *Fugue* sont
inépuisables, et dépendent du Sujet, du Contre_sujet, de l'habileté
du compositeur et de son imagination plus ou moins féconde.

Il sera très utile d'analyser les *Fugues* des grands maitres.
On en trouvera une de chaque genre aux exemples (111) et suivans.

(Ex 111) Fugue vocale à deux parties, soprano et basse, de
Chérubini, dans le style sévère, enrichie de notes explicatives
dans le texte musical.

(Ex 112) Fugue instrumentale à trois parties pour piano ou
orgue, dans le style libre, également avec des notes explicatives.

Dans les Fugues pour piano ou orgue, on peut ajouter une
partie, lorsque le passage l'exige; mais, comme elle est accessoire, elle
ne compte pas au nombre de parties dont la Fugue est composée.

(Ex 113) Fugue à quatre voix doublées avec accompagnement
d'orchestre, composée pour les funérailles de sa Majesté Catholique
le Roi Ferdinand VII, en 1834.

CHAPITRE IV.

DU GENRE FUGUÉ.

On appelle musique du *Genre Fugué*, tout mor_ceau écrit dans le genre de la *Fugue*, mais sans suivre les règles prescrites pour la *Fugue* régulière ou à étude. Par conséquent, un morceau du *Genre Fugué* est une Fugue plus ou moins irrégulière. Il consiste en imitations de toute espèce, en Canons et en développemens partiels d'un sujet ou motif.

Toutes ces imitations ont lieu dans un morceau de musique quelconque vocale ou instrumentale.

La musique d'imitations est ordinairement la plus agré_able, car c'est un milieu entre la mélodie libre et la Fugue obligée. Elle est le charme de la Mélodie et de la Fugue dans les épisodes.

Le *Genre Fugué* convient principalement à la musique religieuse, mais il faut y conserver toujours le caractère grave, et éviter les mouvemens trop vifs.

Le Plain chant accompagné d'imitations plus ou moins Canoniques, produit un bel effet. On en voit des exemples dans les articles sur les Contrepoints, les imitations, les Canons et les Fugues.

SEPTIEME PARTIE.

DE L'INSTRUMENTATION.

ARTICLE I.

DE L'INSTRUMENTATION EN GÉNÉRAL.

L'INSTRUMENTATION consiste à employer pour l'accompagnement des idées musicales, les instrumens que l'on jugera convenables à cet effet.

L'instrumentation dépend entièrement du génie et du caprice du compositeur et, par conséquent, il n'est pas possible de la réduire à des règles fixes. Pour l'employer d'une manière convenable, il faut entendre beaucoup de musique, analyser les compositions des meilleurs maîtres et tâcher d'acquérir une connaissance assez exacte de chaque instrument en particulier.

Il y a des orchestres plus ou moins nombreux. Le nombre des voix et des instrumens doit être proportionné à l'espace du local où ils doivent se faire entendre.

Un grand orchestre se compose de Violons, d'Altos, de Vio-
loncelles, de Contre-basses, d'une Petite-Flûte, de deux Grandes
Flûtes, 2 Hautbois, deux Clarinettes, deux Bassons, deux ou quatre
Cors, deux Trompettes, deux ou trois Trombones, deux ou trois
Ophicléides, et des Timbales.

Pour monter un petit orchestre, on supprime les instrumens à
bruit, tels que les Trompettes, les Trombones, les Timbales et la petite-Flûte.

Pour accompagner un solo, on emploie seulement les instrumens à cordes en quatuor, et on se sert rarement dans ce but des instrumens à vent. Lorsque le quatuor de l'accompagnement est
complet, les octaves consécutives entre le chant et une partie de l'accompagnement y sont permises; mais on doit les éviter, lorsqu'on
accompagne à deux ou à trois parties. Dans ce cas, le chant fait
une partie de l'harmonie avec l'accompagnement.

L'orchestre se divise en deux masses dont l'une comprend
les instrumens à cordes et l'autre les instrumens à vent. Ordinairement on la gradue de manière à égaler la force des deux masses
eu égard à la plus grande quantité de son fournie par les instrumens en cuivre. Ainsi pour chaque instrument à vent, on en met
trois à cordes. On ajoute à ces deux masses le chœur qui forme une
masse séparée. Mais toutes les trois réunies n'en font qu'une. Pour que
ces masses produisent de l'effet, il faut qu'il y ait des intervalles
de *Piano* au milieu des *Forte*, en faisant compter quelques mesures

aux instrumens à bruit. Il suffit de dix, vingt ou vingt quatre mesures pour le *Forte*; mais à la fin on peut le prolonger encore davantage. En général, les passages difficiles sont destinés aux instrumens à cordes et les passages faciles, aux instrumens à vent.

Il y a pour chaque instrument des méthodes spéciales qu'on pourra consulter au besoin. Nous nous bornerons à faire remarquer ici ce que chacun a de plus essentiel et à presenter l'étendue comparative de tous.

ARTICLE II.

DES INSTRUMENS A CORDES ET DE L'ORGUE.

Le Violon, l'Alto et le Violoncelle sont montés avec quatre cordes accordées par quintes. D'un seul coup d'archet on peut faire sonner deux, trois et même toutes les cordes à la fois. Le compositeur qui ne connaitra pas la manière d'écrire pour ces Instrumens, fera bien de consulter un instrumentiste pour écrire des accords.

CONTRE BASSE. Il y en a à trois et à quatre cordes. En France, en Espagne et en Italie, en général, on se sert de celles à trois cordes. En Allemagne on se sert de celles à quatre cordes. Les unes et les autres répondent à l'octave audessous de ce qui est écrit.

La *GUITARE* est montée de six cordes et elle répond aussi à l'octave au-dessous.

L'exemple (114) contient les cordes détachées des cinq ins-trumens que nous venons de citer, ainsi que l'étendue de tous les instrumens à cordes, et de l'Orgue. Les rondes indiquent l'éten-due pour l'orchestre: les noires servent seulement pour un concert.

HARPE. La *Harpe* à simple mouvement est en *Mi Bémol* et n'a qu'un parcours de huit tons, au moyen de sept accroche-mens qui sont sur un deuxième Rang. Son étendue est de six octaves, de *Mi* en *Mi*.

La *Harpe* à double mouvement est en *Do Bémol*, et a un parcours de 15 tons, au moyen de 14 accrochemens qui sont sur un 2ᵉ et 3ᵉ Rang.

Sur le 1ᵉ Rang sont les ♭, (*Bémols*)

Sur le 2ᵉ Rang sont les ♮, (*Bécarres*)

Sur le 3ᵉ Rang sont les ♯, (*Dièzes*)

Son étendue est de six octaves et demie de *Do* au *Fa*.

Tout est possible sur la harpe à l'exception des gammes chromatiques dans un mouvement rapide.

Les sons harmoniques se font en employant le poignet sur le milieu de la corde, tandis que les doigts la pincent. On n'emploie pas le petit doigt.

PIANO. Cet instrument commence au *Do* et finit au *Fa* de la septième octave. Les *Pianos* nouveaux s'étendent jusqu'au *Sol* et au *La*. Voyez le tableau (Ex: 114)

ORGUE. Le clavier de cet instrument à de quatre octaves à quatre et demie. On mesure la grandeur de ses registres d'après le plus grand tuyau qui sonne le *Do* le plus bas. Lorsqu'il à quatre pieds de haut, on dit que le registre à quatre pieds: le registre est de huit pieds, si le plus grand tuyau a huit pieds, &.

Dans les grandes Orgues on compte huit octaves et demie depuis le tuyau de 32 pieds des pédales jusqu'au tuyau le plus aigü du registre du Flageolet qui n'a que de deux à trois lignes.

La musique pour l'Orgue doit être grave et majestueuse. Les passages en notes piquées n'y sont point admises. Toutefois, on trouve dans le récit, des registres qui ne sont point soumis à cette règle, tels sont ceux de Flûte, de Hautbois, de Cor anglais, et tous les autres qui sont employés dans le solo.

Le genre lié et fugué à mouvement modéré est le plus conve-nable et celui qui peut faire la réputation d'un Organiste.

ARTICLE III.

DES INSTRUMENS A VENT.

FLÛTE. Anciennement l'étendue de cet instrument com-mençait en *Ré*, mais au moyen des clefs ou pattes, on donne main-tenant le *Do* et même le *Si*. Avec des doubles coups de langue on y fait facilement les notes piquées. Ainsi d'une noire on fait huit triples croches et plus. (Ex: 115.)

Tableau général de l'étendue des Instruments à Vent. (Ex: 116.)

Dans ce Tableau on trouvera écrites avec des rondes, les notes que le Compositeur doit employer. Les noires qu'on y rencontre, sont des notes difficiles dans quelques instruments et fausses dans d'autres.

Étendue de la *Flûte* (Let: A.)

PETITE FLÛTE. Elle répond à l'octave supérieure de la Flûte.

FIFRE. Il a le même diapason que la petite-Flûte.

FLAGEOLET. Il répond à l'octave de la Flûte.

FLAGEOLET en *Sol*. Il répond à la quinte; C'est-à-dire que le *Do* du Flageolet est le *Sol* de l'orchestre. Pour l'écrire on suppose la clef de *Fa* à la troisième ligne. (B.)

FLÛTE Tierce. Elle est plus haute d'une tierce mineure que la grande Flûte. Le *Do* de la Flûte tierce répond au *Mi* ♭ de l'orchestre. On suppose la clef de *Fa* à la quatrième ligne. (C.)

PETITE FLÛTE à l'octave de la Flûte tierce.

PETITE FLÛTE en *Ré bemol*. Le *Do* de cet instrument répond au *Ré bémol* de l'orchestre. On suppose la clef de *Do* à la troisième ligne. (D.)

HAUTBOIS. Autrefois cet instrument commençait en

Do. Aujourd'hui, au moyen des clefs qu'on y a ajoutées, il donne aussi le *Si* d'en bas. Les notes tenues y font meilleur effet que les notes rapides.

COR ANGLAIS. Cet instrument répond une quinte plus bas ; C'est-à-dire que le *Do* du *Cor Anglais* est le *Fa* de l'orchestre. On suppose la clef de *Do* à la seconde ligne. On le joue de la même manière que le Hautbois. Son caractère est lugubre. Il est employé pour les Solos. (Let: F.)

PETITE CLARINETTE en *Mi bémol*. Elle répond à la tierce mineure de l'orchestre. Pour l'écrire, on suppose la clef de *Fa* à la quatrième ligne. (Let: G.)

PETITE CLARINETTE en *Fa*. Elle répond à la quarte. On suppose la clef de *Do* à la seconde ligne. (Let: H.)

CLARINETTE en *Do*. (Let: I.)

La *Clarinette* rend trois sortes de sons, savoir: les aigus, les moyens qui sont les plus brillans, et les graves appelés Chalumeau, qui sont les plus doux. Le mot *Chalumeau*, écrit dans un passage de Clarinette, indique que ce passage doit être exécuté à l'octave basse. Les trilles y sont très difficiles à faire.

CLARINETTE en *Si bémol*. Elle répond à une seconde majeure plus bas. Pour l'écrire, on suppose la clef de *Do* à la quatrième ligne. (Let: J.)

Autre CLARINETTE en *Si bémol*, qui répond à une octave plus bas que la Clarinette ordinaire en *Si bémol*.

Autre CLARINETTE BASSE. Répondant à une octave plus bas que la petite *Clarinette* en *Fa*.

CLARINETTE en *La*, Répondant à une tierce mineure plus bas. Pour l'écrire, on suppose la clef de *Do* à la première ligne (let. K.)

COR de *Bassette*. On le joue comme la Clarinette dont il ne diffère qu'en ce qu'il est courbe. Il répond à une quinte plus bas. Pour l'écrire, on suppose la clef de *Do* à la seconde ligne. Les sons en sont doux, pleins et propres à des passages pathétiques. On l'emploie pour les Solos, et on le place entre la Clarinette et le Basson. (Let: L.)

BASSON. Les notes du médium en sont sourdes, tandis que les notes hautes sont brillantes. Ces dernières produisent un meilleur effet pour les sons tenus que pour les passages rapides. Les notes hautes s'écrivent avec la clef de *Do* à la quatrième ligne. (Let: M.)

CONTRE-BASSON. Il répond à une octave plus bas que le Basson. Son étendue commence au *Ré* dans les Basses pour l'orchestre il monte jusqu'au *Mi*, au-dessus de la portée, quoiqu'il puisse aller jusqu'au *Sol*.

COR D'*HARMONIE*. Son étendue se compose de sons ou_verts et de sons bouchés. Cet instrument donne les premiers naturellement: nous les avons indiqués par des rondes dans le tableau. On fait les autres en bouchant plus ou moins le pavillon avec la main droite.

Les notes ouvertes ont un son sonore et net. Celles que l'on obtient avec la main dans le pavillon ont le son sourd et on doit s'en servir le moins souvent possible surtout pour les *Tutti*, car dans le *Solo* elles sont indispensables. Quand on s'en sert, il faut qu'elles soient liées avec la note ouverte dont elles sont suivies; savoir: *Si Do*, *Fa* ♯ *Sol*, *La bémol Sol*, &.

Comme on écrit toujours le *Cor* en *Do*, on doit indiquer le ton au commencement de chaque morceau, aussi bien que pour tous les instruments de la même classe, savoir: *Corni in B Fa*, ou *Cors en Si bémol*; *in* C ou en *Do*; *in* D ou en *Ré*; *in* E *La Fa* ou en *Mi bémol*, &. (Let: N.)

COR à *PISTONS*. Au moyen de deux ou trois pistons, on peut donner en toute assurance toutes les notes bouchées du *Cor* ordinaire. Le piston le plus près de l'embouchure, fait baisser d'un ton l'étendue de cet instrument. Le second piston le fait baisser d'un demi-ton et les deux ensemble d'un ton et demi.

Toutefois, comme on y a conservé tous les corps de rechange, on doit indiquer le *ton* au commencement du morceau comme on le fait pour le *Cor* ordinaire.

COR de *CHASSE*. Cet instrument ne faisant pas les notes bouchées, on le tient de la main droite. Il n'a point de corps de rechange, ainsi il est inutile d'indiquer le ton. (O.)

TROMPETTE. Elle est, pour ainsi dire, le Soprano du *Cor*. On l'écrit en *Do*, et on en indique le ton comme pour le cor. Les tons les plus favorables sont ceux de *Do*, *Ré*, *Mi bémol* et *Mi* ♮. Dans les tons de *Mi bémol* et de *Mi* (♮) bécarre, la note la plus haute pour l'orchestre est le *Mi* du quatrième espace. Dans les tons bas, elle peut monter jusqu'au *Sol*. Le ton le plus bas est celui de *La*. Les notes piquées s'y font très facilement, et, au moyen du double coup de langue, on y fait une sorte de trémolo. (Ex: 117.) Son étendue. (Ex: 116. Let: P.)

TROMPETTE à *pistons*. Elle a la même étendue que la Trompette ordinaire, et en outre elle donne toutes les notes de la gamme Chromatique. Elle a six corps de rechange, savoir: *Do*, *Ré*, *Mi bémol*, *Mi naturel*, *Fa*, *Sol*.

TROMPETTE à *Clefs* ou *BUGLE*. Il y en a de plusieurs espèces, mais celles qui sont le plus en usage sont celle en *Si bémol* et celle en *Mi bémol*. (Let: Q.)

142

Le *BUGLE* en *Mi bémol*; Répond à une quarte au-dessus.

CORNET. Il y en a de différentes sortes. Le Cornet en *La bémol*, qui est proprement une trompette haute en *La bémol*. Il est de deux octaves plus haut que le *Cor*. (Let: R.)

CORNET à *pistons*. On doit en indiquer le *ton* au commencement de chaque morceau. Il a huit tons ou corps de rechange: *Si bémol*, *La*, *La bémol*, *Sol*, *Fa*, *Mi*, *Mi bémol* et *Ré*. Les meilleurs sont: *La*, *La bémol* et *Sol*. Les sons intermédiaires sont brillans, les sons graves sont sourds, et les sons aigus difficiles. (Let: S.)

SERPENT. Le son en est ingrat à l'oreille et cependant il a quelques notes agréables dans le haut qui ressemblent à ceux du Basson. Son étendue est égale à celle de l'O_phicléide Basse.

TROMBONE. Il y en a de trois sortes, savoir: le Trombone alto à pistons, le Trombone Ténor, et le Trombone Basse.

Le *Trombone Alto* à pistons en *Mi bémol*. Il a un corps de rechange en *Fa*. (Let: T.) Le *Trombone Ténor* ou *Buccin*, et le *Trombone Basse*. Le premier monte jusqu'au *Do* et le second, jusqu'au *Sol*. (Let: U.) On écrit ordinairement trois parties de Trombone sur la même portée et avec la clef de *Fa*.

Le Trombone fait sept positions différentes au moyen des coulisses, et à chaque position on fait les notes de l'accord . (Ex : 118 .)

OPHICLÉIDE . On en distingue sept espèces différentes: 1º *Ophicléide alto* en *Mi bémol* . Son étendue égale celle du Trombone alto à pistons . 2º Ophicléide alto en *Fa* ; il a la même étendue que celui en *Mi bémol*, seulement il est un ton plus haut . 3º Ophicléide en *Do* . (Lettre *Z* .) 4º Ophicléide en *Si bémol* . On suppose la clef de *Do* à la troisième ligne.(Let:V.) 5º *Bombardon* en *Mi bémol* . Il répond à une octave basse comme la Contre-basse de l'Orchestre . Il a trois tubes qui s'ouvrent et se ferment à volonté, au moyen de pistons avec lesquels on peut donner les notes de l'accord de la même manière qu'avec le Trombone .

Pour la transposition on suppose la clef de *Fa* sur la troisième ligne .(Let:X.) 6º *Bombardon* en *Si bémol* . On le suppose avec la clef de *Do* sur la troisième ligne .(Let:Y.) 7º *Bombardon* en *La bémol* . Il est un ton plus bas que le précédent . On le suppose avec la clef de *Sol* .

INSTRUMENS en cuivre et en bois, Système *SAX* . Adoptés pour les Musiques militaires,en France .

PETITE FLÛTE en Ré b, appelée vulgairement petite-Flûte en Mi b, même étendue que l'Ordinaire. (Let:D.)

PETITE CLARINETTE en Mi b.(Let: G.)

CLARINETTE en Si b.(Let:I.)

CLARINETTE basse en Si b. C'est l'octave au-dessous de la grande Clarinette en Si b.(Let:J.)

SAX OPHONE en Mi b, (ou partie de Basson).Son étendue est du Si b au-dessous de la portée, au Fa au-dessus. Pour son diapason, voyez la (Let: G.)

CORNET à 3 cylindres (Système Sax.) (Let: S.)

TROMPETTE à 3 Id: (Id:) (Let: P.)

TROMBONE   Id: (Id:) (Let: V.)

COR   Id: (Id:) (Let: N)

C'est comme le *COR* à pistons.

TROMBONE à *Coulisses* en Si b.(Let:V.)

OPHICLEIDE en Si b.(Let:X.)

PETIT SAX HORN en Mi b.(ou petit Bugle en Mi b.) C'est le même que le Bugle en Mi b.

SAX HORN en Si b. ou Bugle en Si b (Let: Q.)

SAX HORN alto en Mi b. pour remplacer le Cor. Pour son étendue voyez la (Let:T.)

SAX HORN Baryton en Si b, pour remplacer l'Ophicléide.(Let:V.)

SAX HORN en *Si* b, à 4 cylindres, pour remplacer l'ophicléide (V.)

SAX HORN Contre-basse en *Mi* b, pour remplacer le Bombardon (X.)

M⁷ *SAX* veut que ces trois derniers instrumens s'écri_
vent avec la clef de *Sol* .

ARTICLE IV.

DES INSTRUMENTS À PERCUSSION.

TIMBALES. On les accorde ordinairement l'une
avec la tonique et l'autre à la dominante. On indique les
tons au commencement du morceau; par exemple, *Timbales*
en *Ré, La*. On marque les roulemens par le signe (*tr* ∿∿∿∿).
(Ex: 119.) Il semble qu'il n'y aurait point d'inconvénient à
introduire une troisième timbale dont le même timbalier
pourrait se servir alternativement avec les deux autres.
Cette dernière pourrait s'accorder à la sous-dominante,
ou comme le Compositeur le jugerait convenable.

TAMBOUR de *BASQUES*. On s'en sert avec succès pour
accompagner la Guitarre, le Piano ou tout autre instrument.

TAMBOURIN. On ne se sert de cet instrument que
pour faire danser.

***CAISSE* ou *TAMBOUR* *Roulant*.** On l'écrit sur la même portée que le Triangle, ou bien séparément, n'importe dans quelle note de la clef de *Sol*. Le roulement y est indiqué par le signe (*tr*〰) comme pour les Timbales.

***CAISSE* ou *TAMBOUR*.** Il sert pour faire marcher les troupes et pour donner des ordres par signaux convenus. On l'accompagne quelquefois du Fifre, et on l'emploie à l'orchestre lorsque, dans un Opéra, on représente un champ de bataille, &... On l'écrit comme le Tambour Roulant.

***GROSSE-CAISSE*.** Elle sert à marquer la mesure dans la musique militaire, On l'écrit avec la clef de *Fa*, quoiqu'elle n'ait aucun ton marqué.

Le ***TRIANGLE*,** le *Pavillon Chinois*, les *Cimbales* et tous les autres instrumens n'ayant pas non plus un ton marqué, on écrit ces parties séparément et sur la clef de *Sol*.

***TAM-TAM*.** Cet instrument d'un timbre très-fort, sert à exprimer la terreur et le sentiment funèbre...

***CLOCHE*.** On l'emploie dans quelques opéras au ton convenable.

***CARILLON*.** Instrument à clochettes accordées diatoniquement. Il y en a depuis une octave et demie jusqu'à quatre.

***CASTAGNETTES*.** Elles servent à accompagner les airs espagnols, et pour la danse. Elles marquent la mesure et le Rhythme par le moyen de trilles que l'on indique par le signe *tr*〰

FIN.

TABLE

PREMIERE PARTIE

INTRODUCTION.

SECONDE PARTIE.

DU CONTREPOINT.

TROISIEME PARTIE.

ACCORDS DISSONANS ET DE LA MODULATION.

QUATRIEME PARTIE.

DES NOTES PRINCIPALES ET ACCIDENTELLES DE L'HARMONIE ET DE LA PÉDALE.

CINQUIÈME PARTIE.

DE LA MÉLODIE, DE L'IMITATION ET DE LA COUPE DE LA MUSIQUE
VOCALE ET INSTRUMENTALE.

SIXIÈME PARTIE.

DU CONTREPOINT DOUBLE OU RENVERSABLE.

DU CANON DE LA FUGUE ET DU GENRE FUGUÉ.

SEPTIEME PARTIE.

DE L'INSTRUMENTATION.

FIN DE LA TABLE.

1

N° 1. Clef de Soprano, d'Alto, de Ténor, de Violon   de Basse.
N° 2.
1er degré 2e 3e 4e 5e 6e 7e 8e
un ton ton demi_ton majeur ton ton ton demi_ton majeur
N° 3.
A 1er degré 2e 3e 4e 5e 6e 7e
un ton demi_ton majeur ton ton demi_ton un ton et demi
demi_ton
B 1er 2e 3e 4e 5e
un ton demi_ton ton ton ton
6e majeure étrangère au mode 7me
ton demi_ton
N° 4.
demi_ton mineur demi_ton majeur demi_ton mineur demi_ton majeur demi_ton
majeur naturel demi_ton mineur demi_ton majeur demi_ton mineur demi_ton majeur
demi_ton mineur demi_ton majeur demi_ton majeur naturel
N° 5.
(A)
Do   Sol   Re   La   Mi   Si
B
La   Mi   Si   Fa#   Do#   Sol#
Fa#   Fa   Si   Mi♭   La♭   Re♭   Sol♭
Re#   Re   Sol   Do   Fa   Si♭   Mi♭

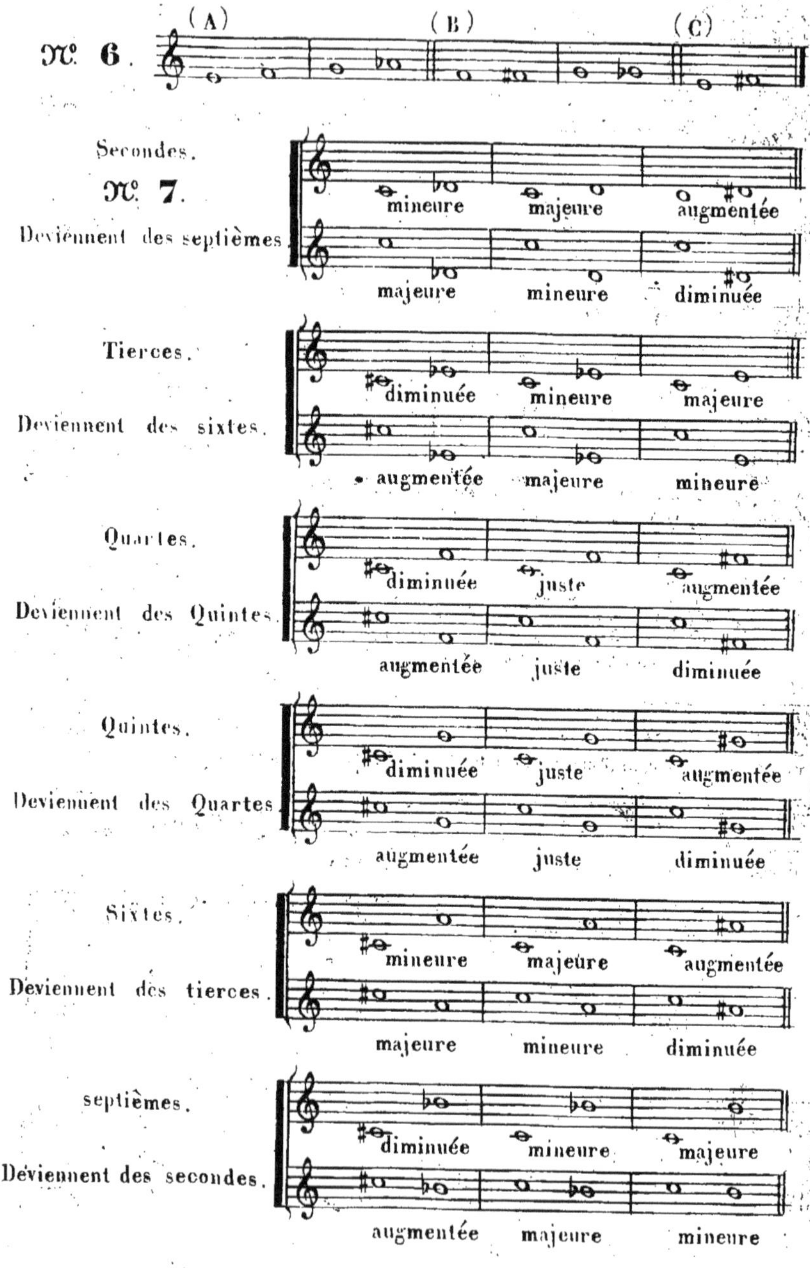
Nº 6.
(A)
(B)
(C)
Secondes.
Nº 7.
mineure
majeure
augmentée
Deviennent des septièmes
majeure
mineure
diminuée
Tierces.
diminuée
mineure
majeure
Deviennent des sixtes.
augmentée
majeure
mineure
Quartes.
diminuée
juste
augmentée
Deviennent des Quintes.
augmentée
juste
diminuée
Quintes.
diminuée
juste
augmentée
Deviennent des Quartes
augmentée
juste
diminuée
Sixtes.
mineure
majeure
augmentée
Deviennent des tierces.
majeure
mineure
diminuée
septièmes.
diminuée
mineure
majeure
Deviennent des secondes.
augmentée
majeure
mineure

N° 8.
N° 9.
(A)
(B)
(C)
N° 10.
(A)
(B)
(C)
(D)
p
N° 11.
f
p
f
p
f
N° 12.
(A)
(B)
N° 13.
(A)
(B)
(C)
(D)
(E)
(F)
(G)
(H)
(I)
(J)
(K)
(L)
(M)
N° 14.
(A)
(B)
(C)
(D)
(E)
(F)

4
№ 15.
(A) 
(B)
№ 16.
(A)(B)(C)(D)(E)(F)(G)(H)(I)(J)(K)(L) 
№ 17.
(A)
(B)
(C)
(D)
(E)

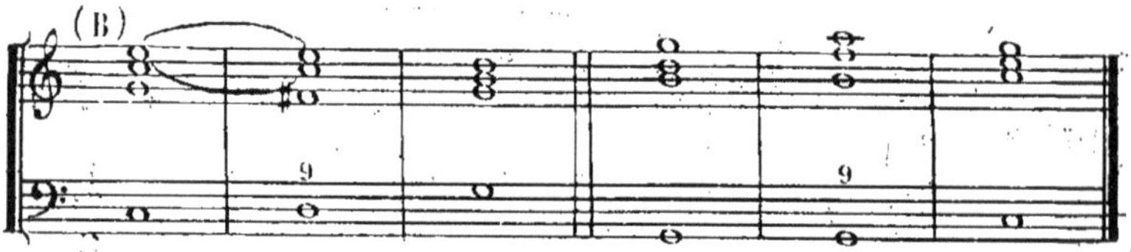

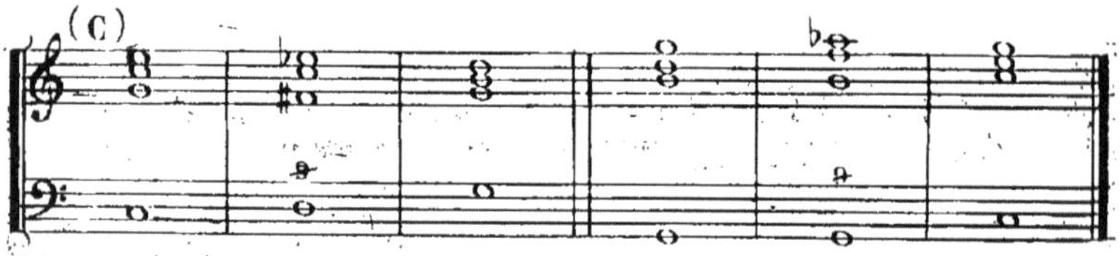

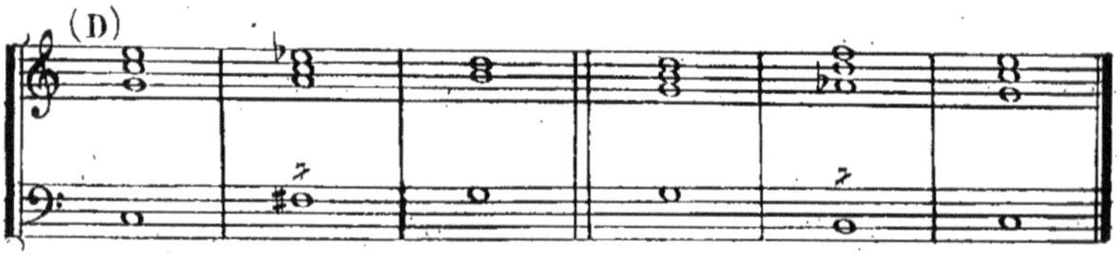

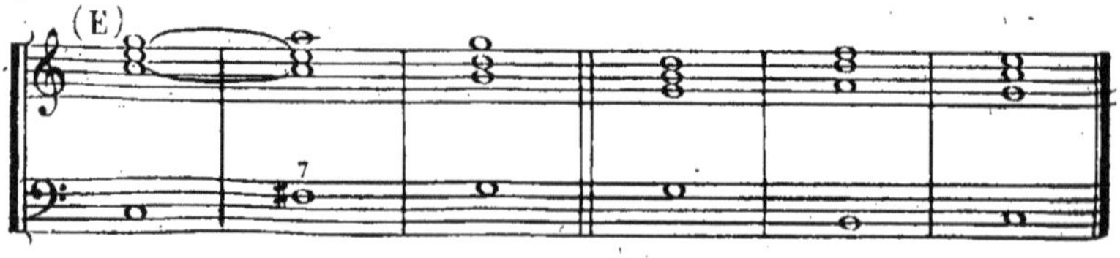

5.
N.° 18.
(A) (B) (C)
(D) (E) (F) (G) (H)
N.° 19.
(A) (B) (C)
N.° 20.
(A) (B)
mal.
(C) (D)
(E) (F) mal.
(G) (H) (I)

6

(A) (B) (C) (D) (E) (F) (G)
Nᵒ 21.
(H) (J)
(J) (K) (L) (M) (N) (O) (P) (Q)
(A) (B)
Nᵒ 22.
(C) (D) (E)

(F)
(G)
(H)
(I)
(J)
(K)

Nº 23.

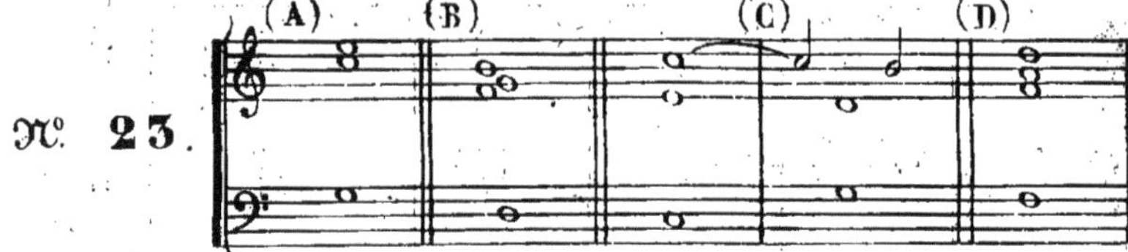

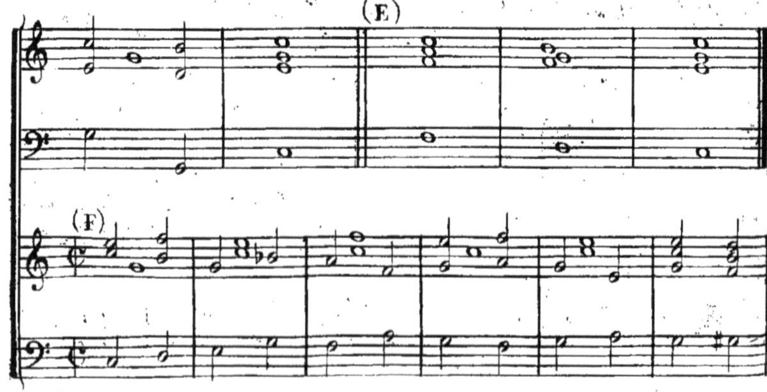

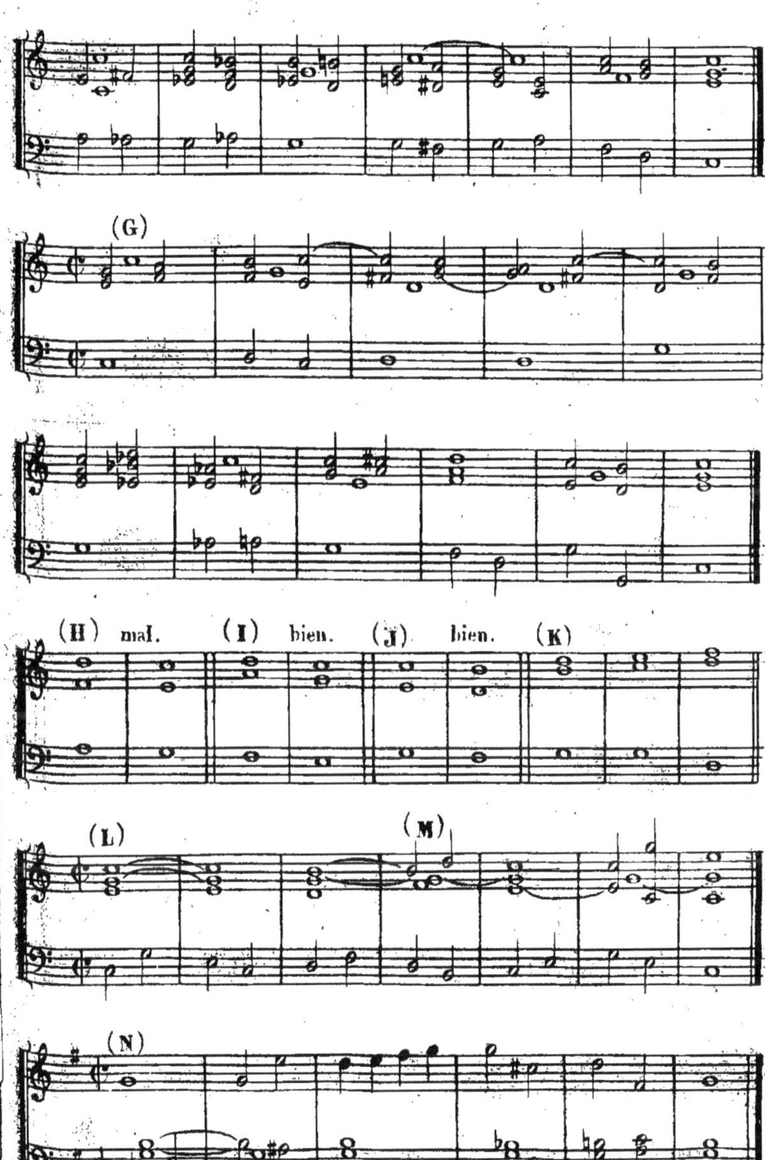
(G)
(H) mal. (I) bien. (J) bien. (K)
(L) (M)
(N)

No. 24.

No. 25.

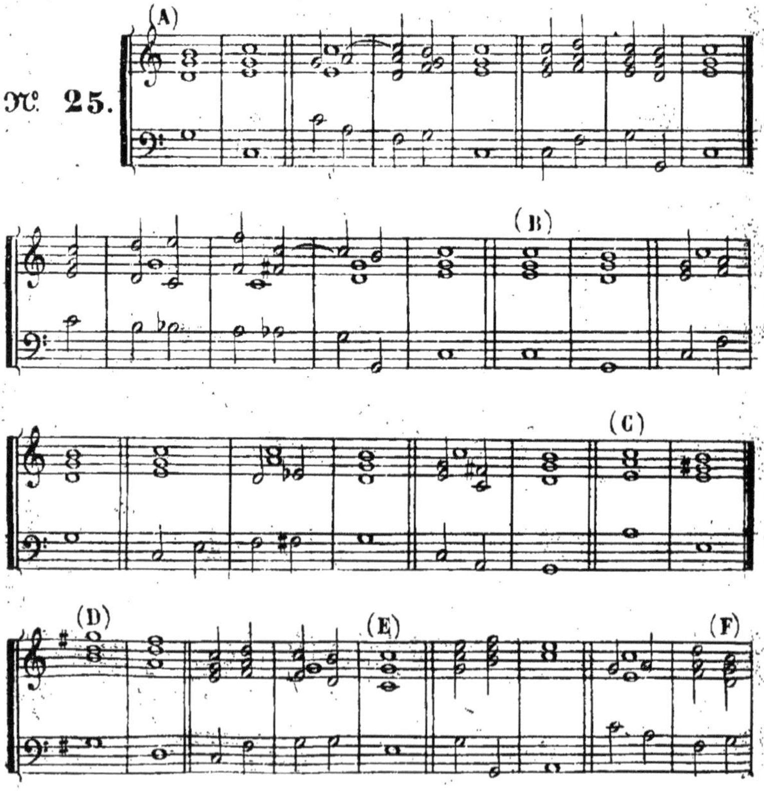

(G)
(II)
N° 26.
(A)
(B)
(C)
(D)
(E)
(F)
(G)
(H)
5
5
5
(I)
(J)
8
8
8
(K)
(A)
(B)
N° 27.
(C)

12

N: 28.

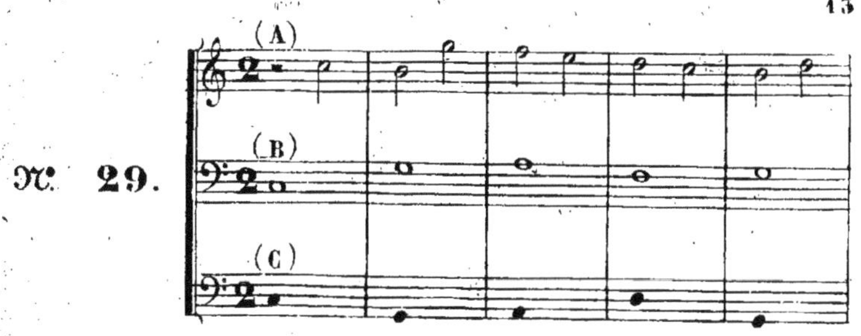

№ 29.

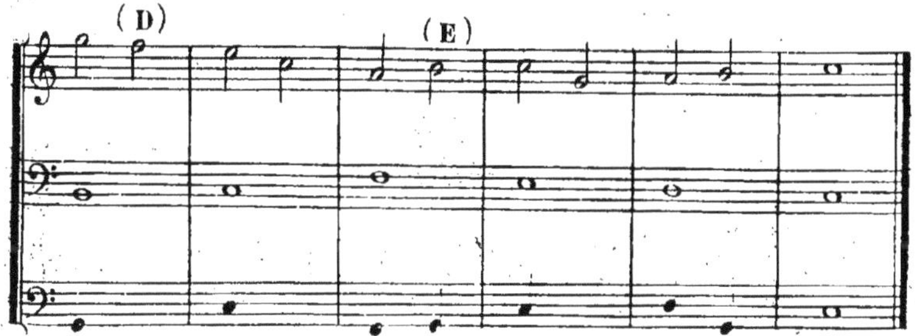

№ 30.

N.º 31.

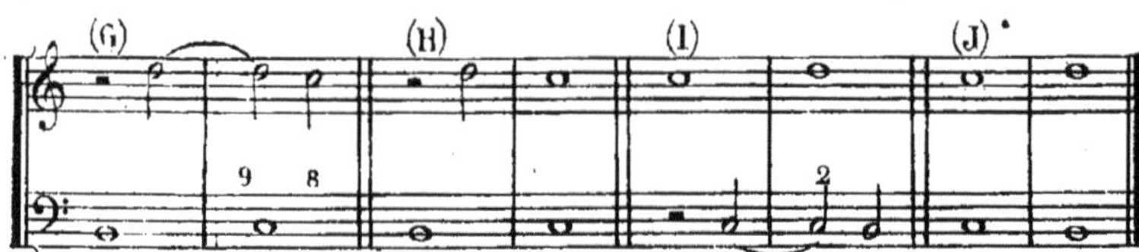

N.º 32.

N.º 33.

N° 34.

Nᵒ. 35.
(A) 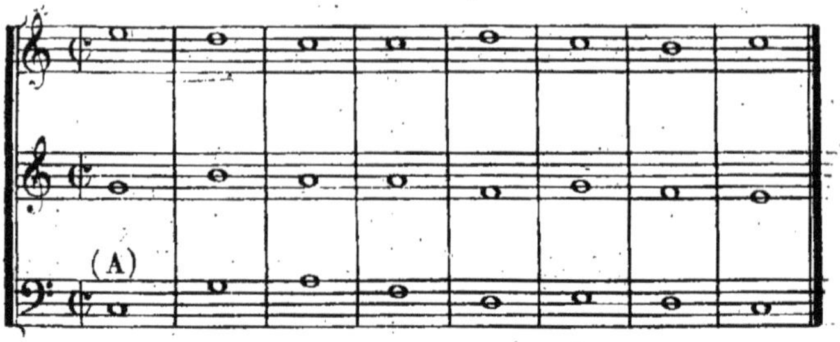
(B) 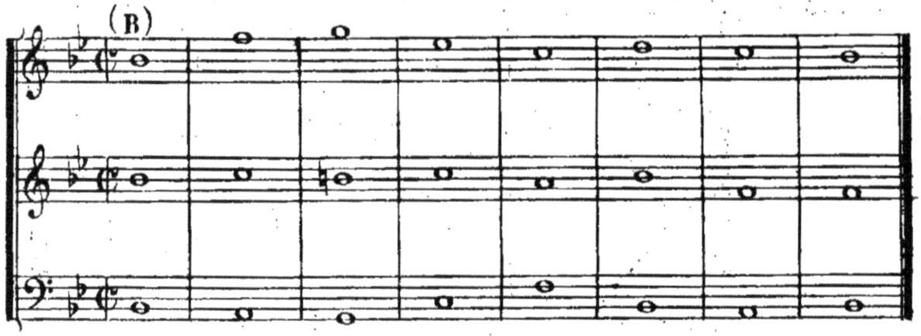
(C) 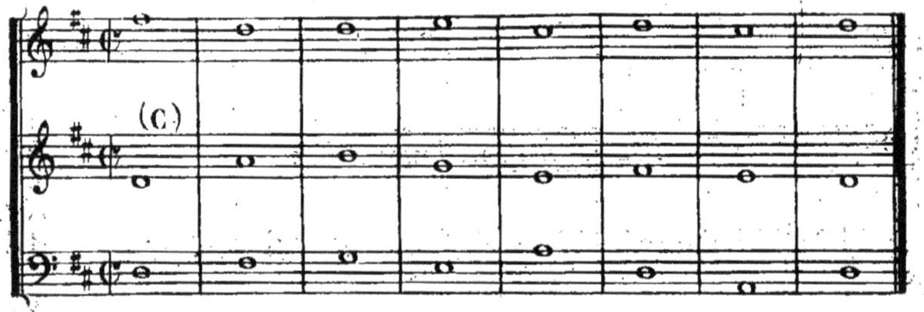
Nᵒ. 36.
A

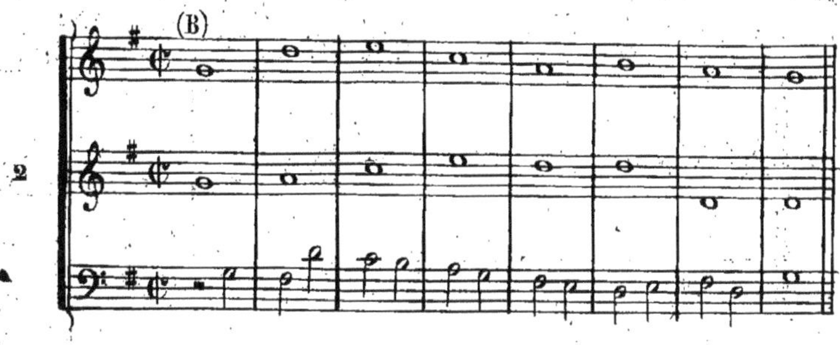

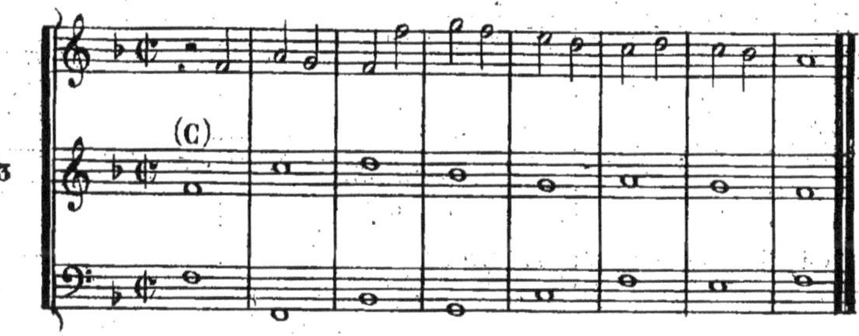

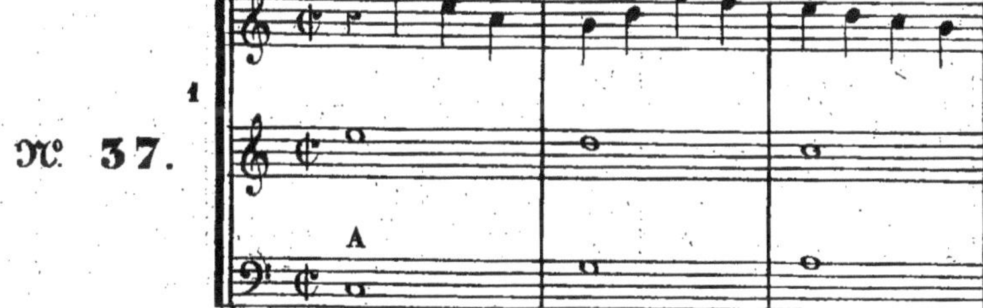

Nº 37.

(B)

2

3

(C)

N° 38.

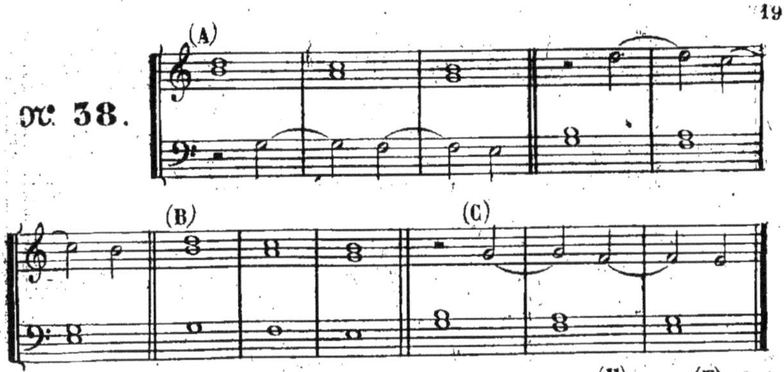

N° 39.

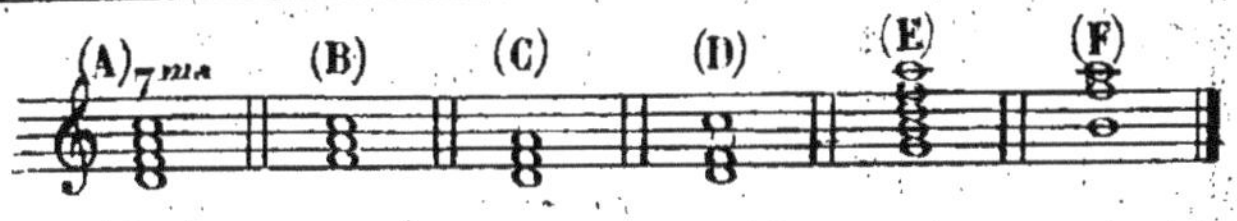

N° 40. 1

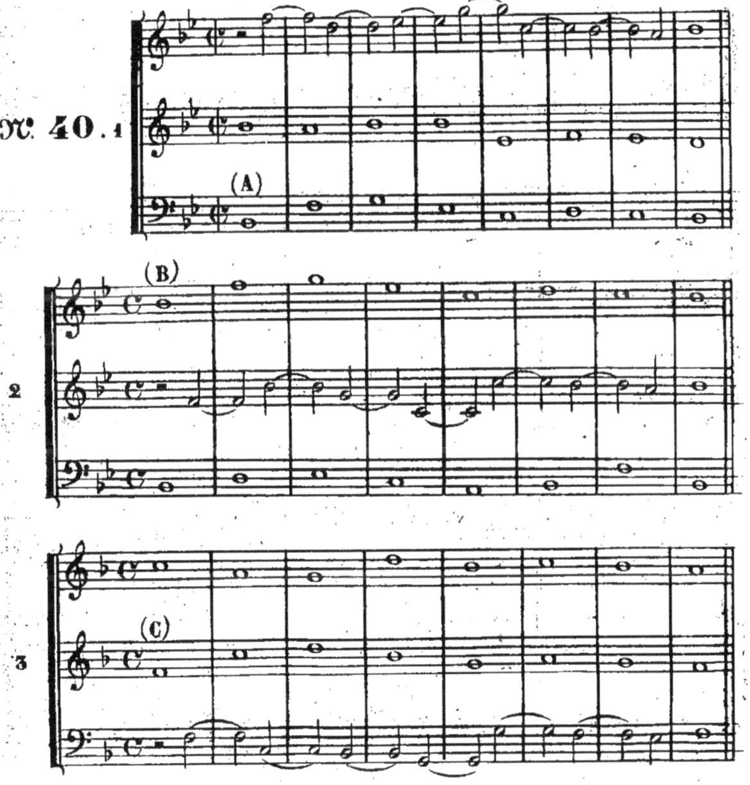

No 41.

№ 42.

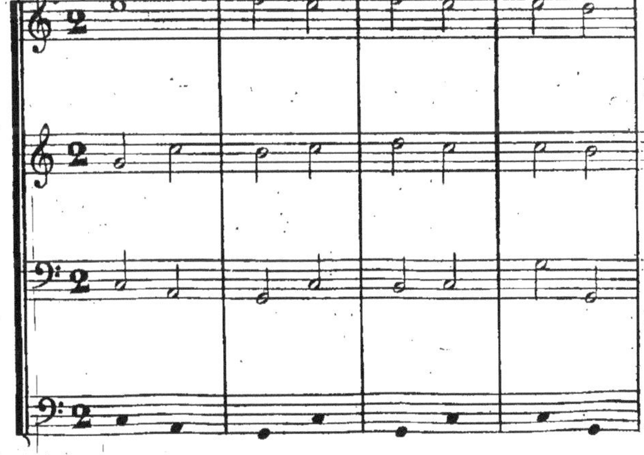

(A)
(B)

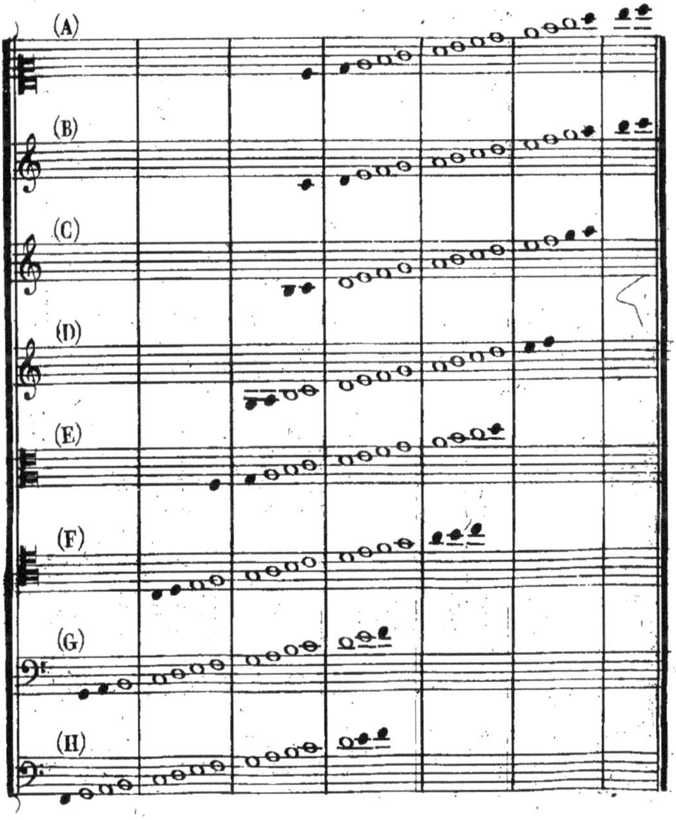

Nº 44.

Nº 45.

(A)

No. 46.

No. 47.

N° 48.

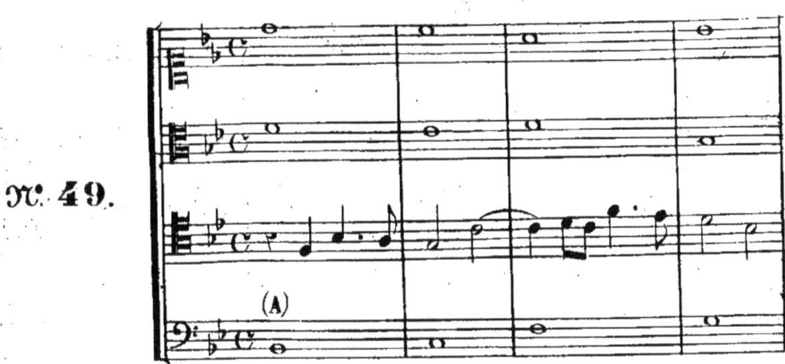

N.° 49.
(A)

(A)
(A)
N.° 50.

(B)
(C)
(E)
(E)
(D)
(F)
N° 54.

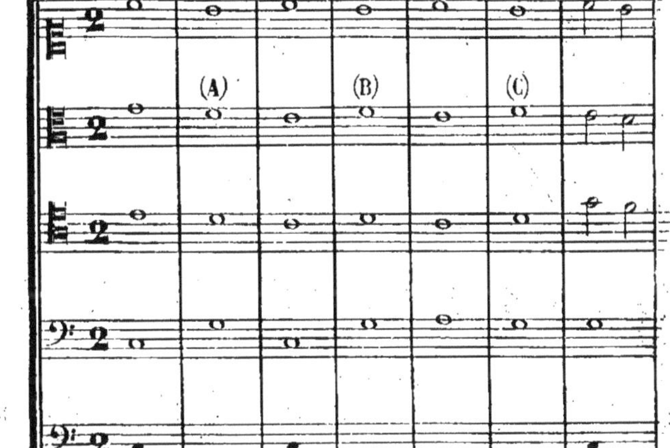

N° 52.
(A)
(B)
(C)

(D)
(E)

30
(F)
Nº 53

№ 54.

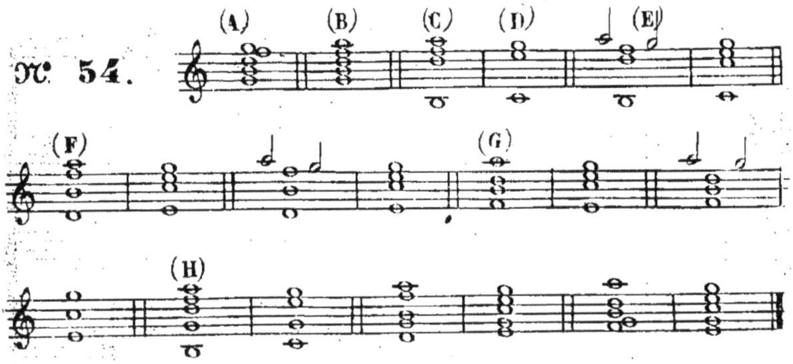

№ 55.

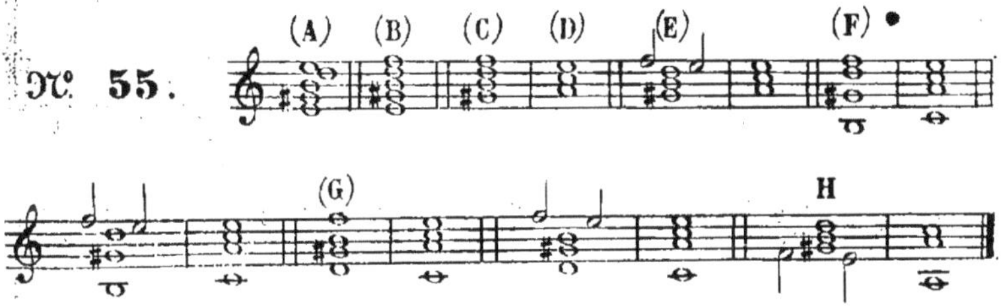

№ 56.

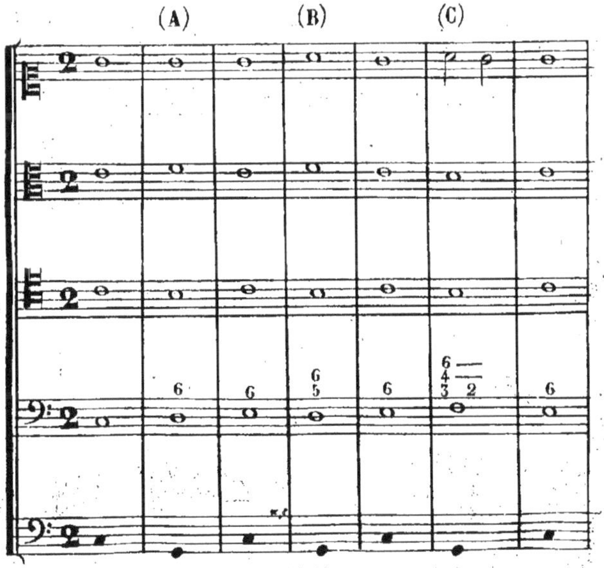

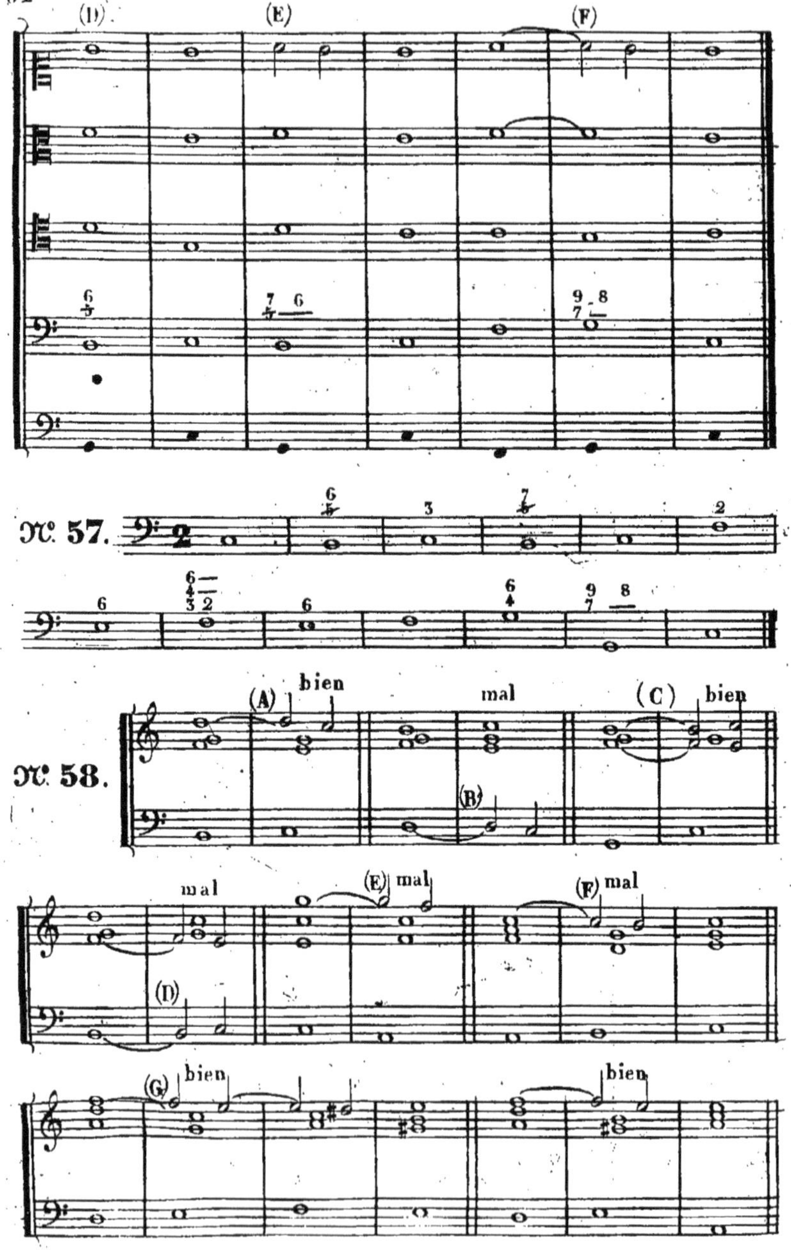
(D)
(E)
(F)
Nᵒ 57.
bien
mal
(C) bien
(A)
Nᵒ 58.
(B)
mal
(E) mal
(F) mal
(D)
(G) bien
bien

Nᵒ. 59.

(F)
(G)
F
(H)
Nᵒ 60.
(A)
(B)
(C)
(D)
(E)
(F)

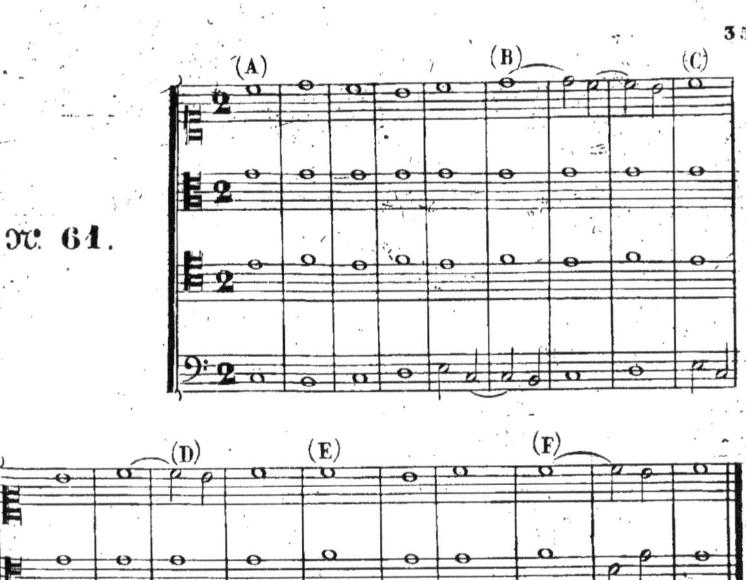

(A) (B) (C)
№ 61.
(D) (E) (F)

№ 62.
(A) (B) (C)
№ 63.

(D)
(E)
(F)
N.° 64.
N.° 65.
(A)
(B)

(A)
Nº 66.
Nº 67.
(A)
(B)
Fin.
(C)

№ 68.

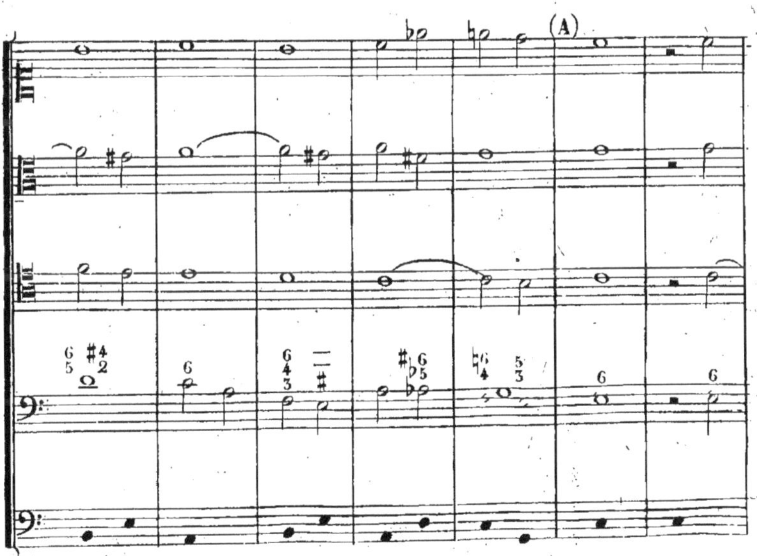
(A)

(B)
№ 69.
№ 70.
(A)
(B)
(C)
№ 71.

Nᵒ **72.**

Nᵒ **73.**

7 (B)
(C) 6 5

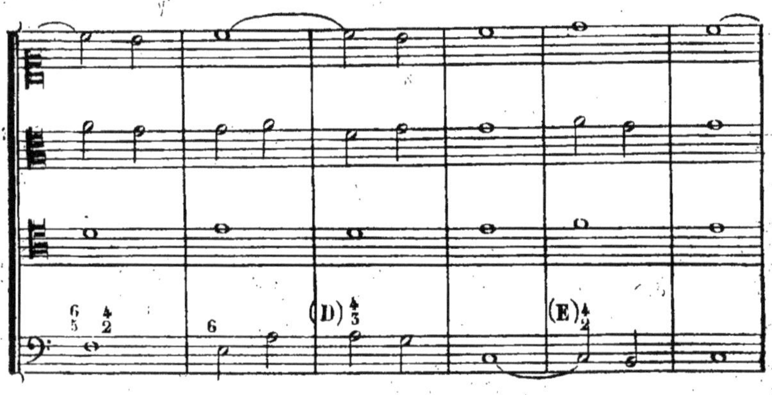
6 5   4 2
6
(D) 4 3
(E) 4 2

(F)
(G)
7 #3
7 3 #

(H)
Nº 74.
(A)
(B)
(C)
(D)
(E)
Nº 75.
(A)
(B)
(C)

(D)
6
4
3

Nᵒ. **76**

Nᵒ. **77**

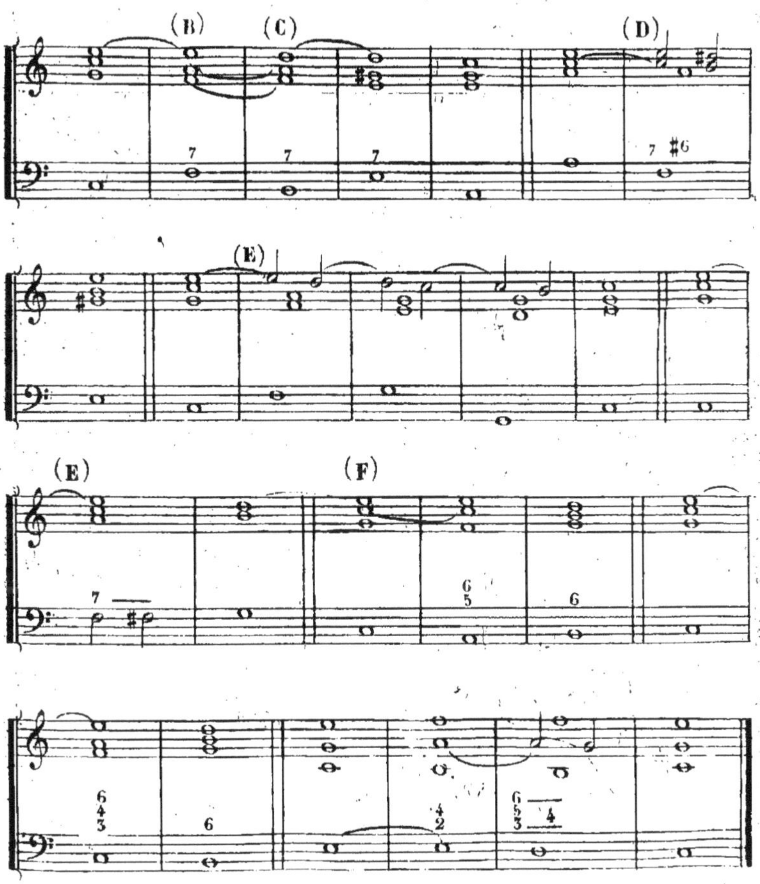

№ 78.

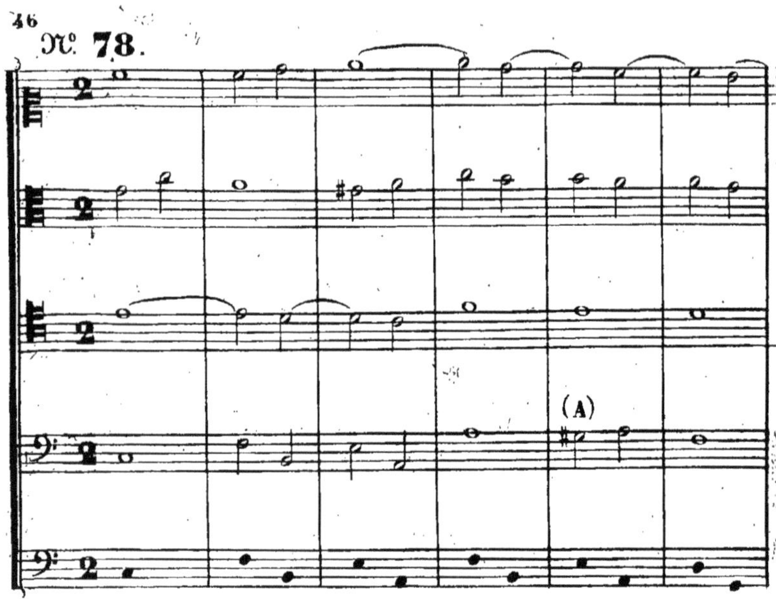

(C)

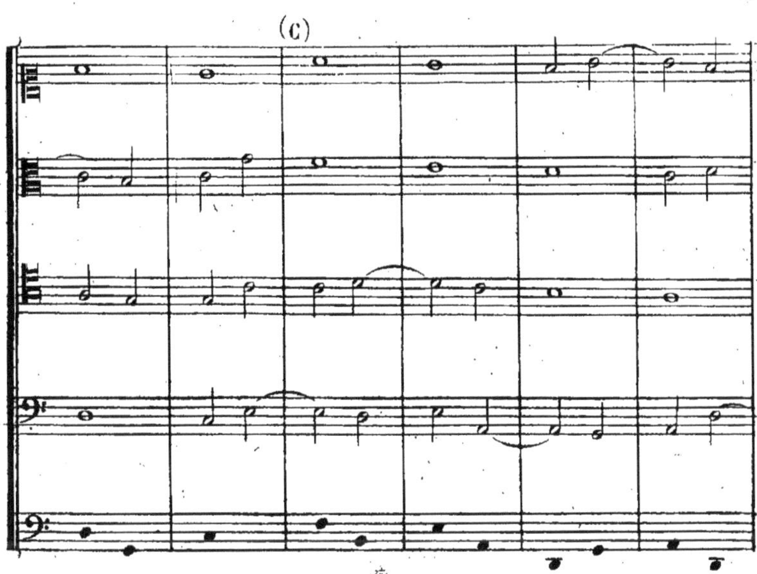

ℋ. 79.
ℋ. 80.

No. 81.
(A)
(B)
(C)
(D)
(E)

(G)
(F)
N°. 82.

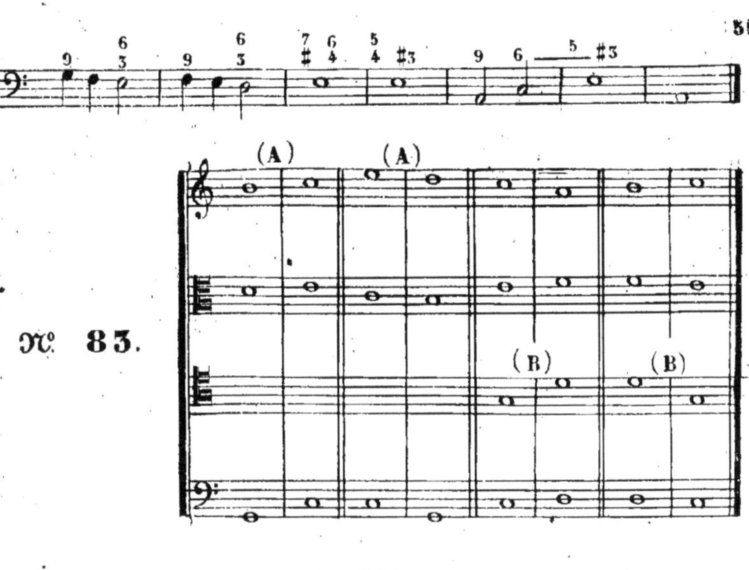
6   6   7 6   5
3   3   # 4   4 #3   9   6   5 #3
9   9
(A)   (A)
(B)   (B)
N° 83.

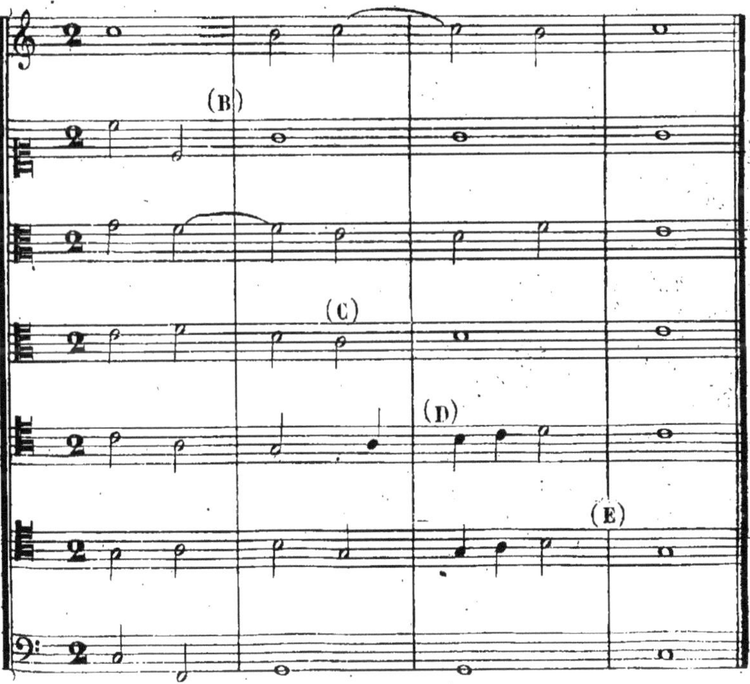
(B)
(C)
(D)
(E)

Nº 84.

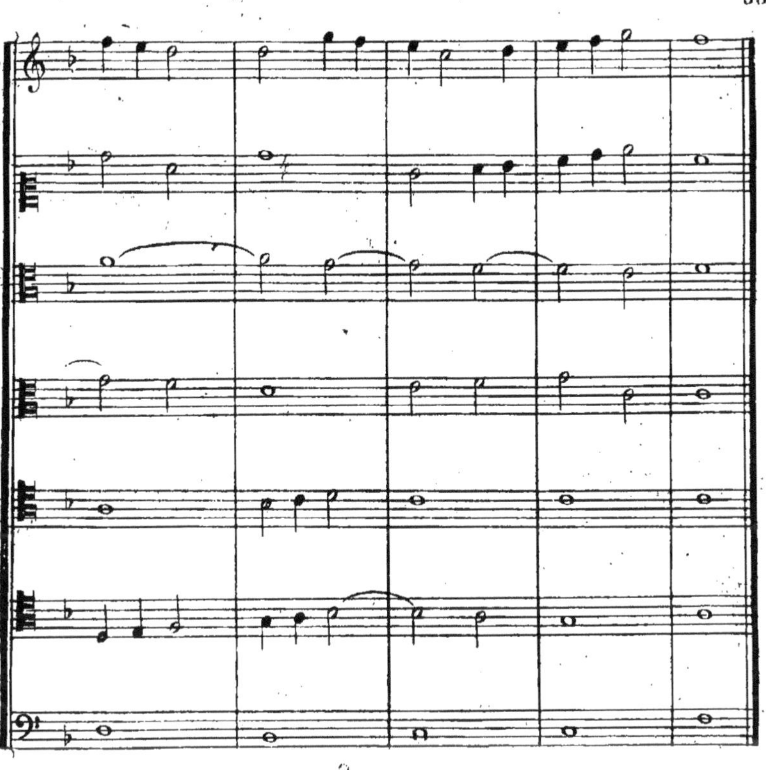

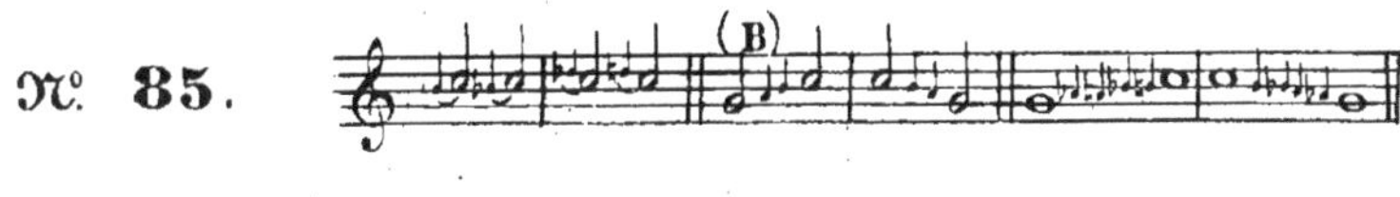

N⁰. 85.

N⁰. 86.

No. 87.
(A)
(B)
(C)

No. 88.

No. 89.

(A)

(B)

(C)

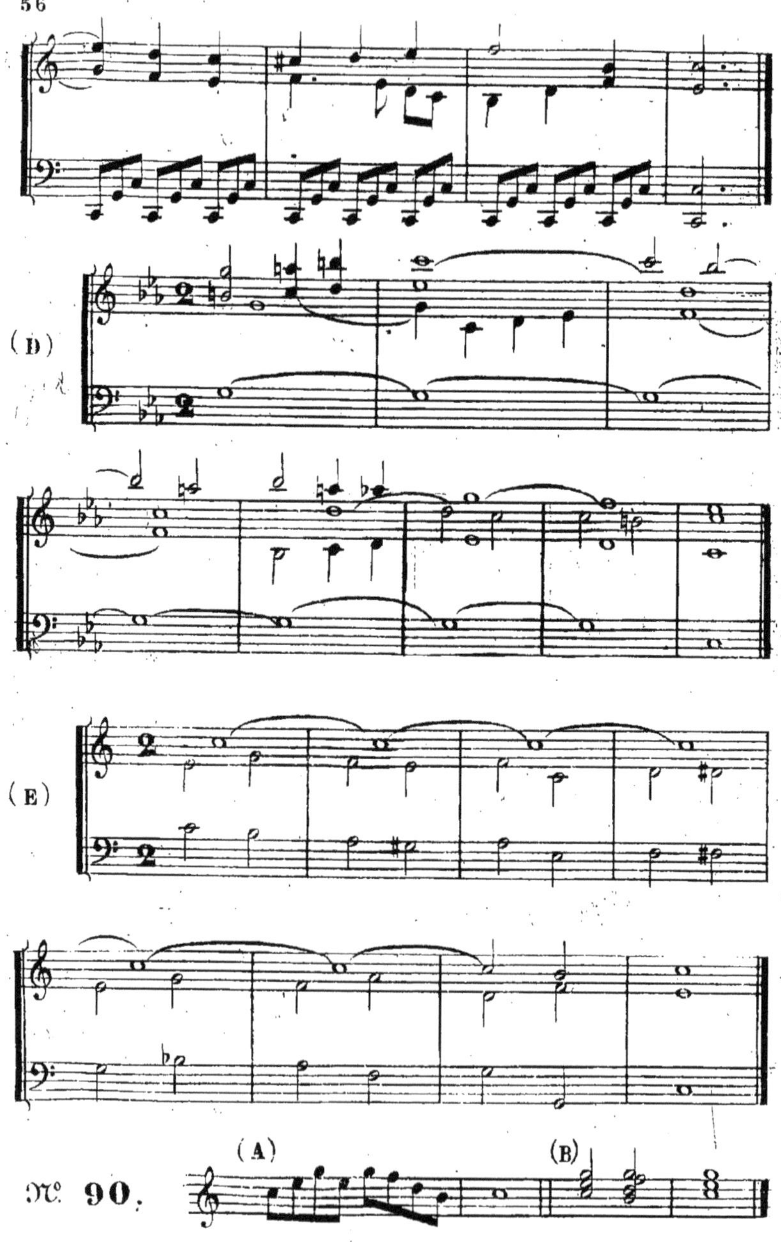

(D)
(E)
No. 90.
(A)
(B)

Nº 91.

Nº 92.

58
(C)
(D)
(D)
N.° 93.
(A)
(B)
(C)
(D)
(E)
§
(A)
(C)
N.° 94.
(B)

(1)
Di _ xit Do _ minus
Di _ xit Do _ minus Do _ mino me _ _ _
Di _ xit Do _ minus Do _ mino
Do _ mino me _ _ o
_ o Di _ xit Do _ minus Do _ mino
me _ _ o Di _ xit _ Do minus
se _ de
me _ _ o se _ de à dextris
Do _ mino me _ o: se _
à dex _ _ tris me _ _
me _ is à dextris me _ is se_de à
_ de à dextris me _ is à dextris me _ is se_

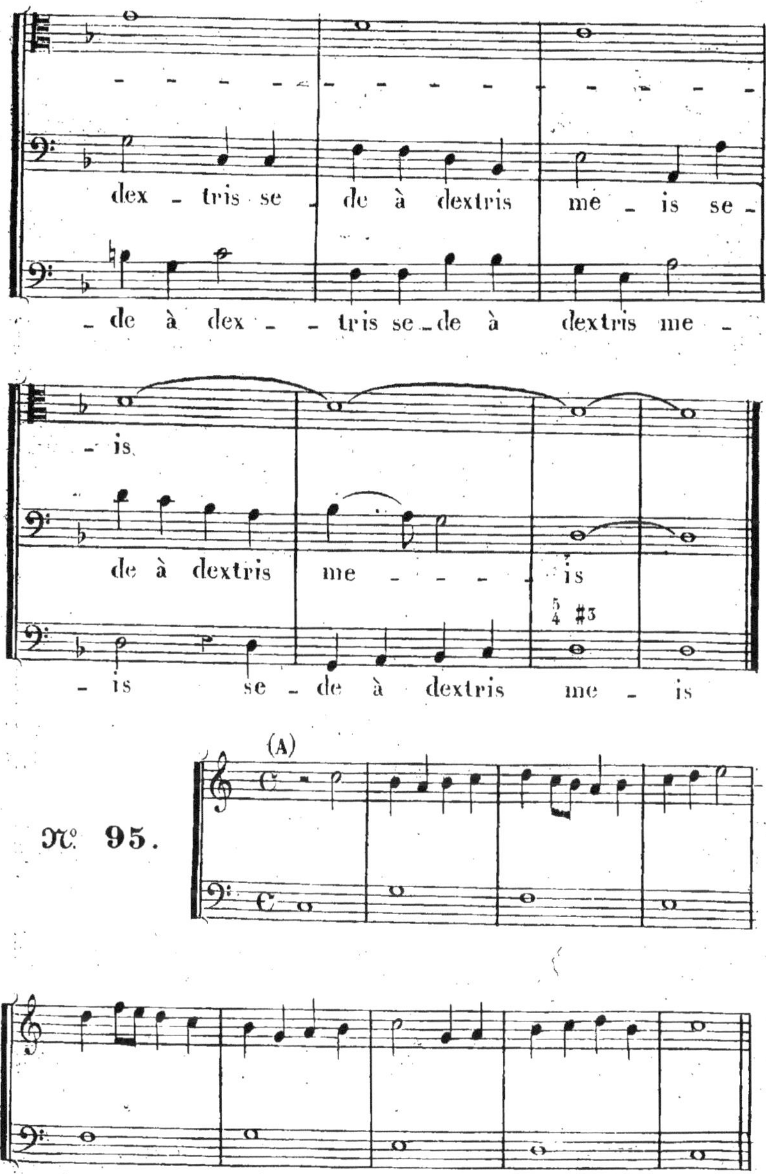

dex _ tris se _ de à dextris me _ is se _
_ de à dex _ _ tris se _ de à dextris me _
_ is
de à dextris me _ _ _ is
5 #3
4
_ is se _ de à dextris me _ is
(A)

N.º 95.

N.° 96.
A
(B)
(C)

64
No. 97.
(A)
(B)
(C)

(D)
(E)
(A)
Nᵒ 98.

B

68
(C)
(E)
(D)

№ 99.

Dum lu-cem ha-be-tis credite in
lu-cem qui se-quitur me non am-bulat in
te-nebris qui se-quitur me non am-bu-lat in te-ne-
-bris Dum lu-cem ha-be-tis in
lu-cem qui se-quitur me in te-ne-
-bris qui se-qui-tur me non ambu-lat in te-ne-
-bris Dum lu-cem ha-be-tis cre-di-te in
lu-cem non am-bu-lat in te-nebris non
am-bu-lat in te-ne-bris non ambu-lat in te-ne-
-bris Dum lu-cem ha-be-tis cre-di-te in
lu-cem qui se-quitur me non ambulat in te-nebris
se-qui-tur me non am-bu-lat in te-ne-bris.
Da capo.

70
(A)
(B)
(C)
(D)
№ 100
(E)
(F)
(G)
(H)

No. 101.

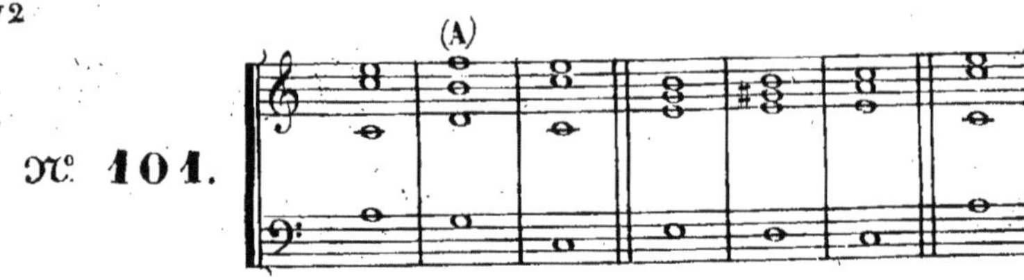

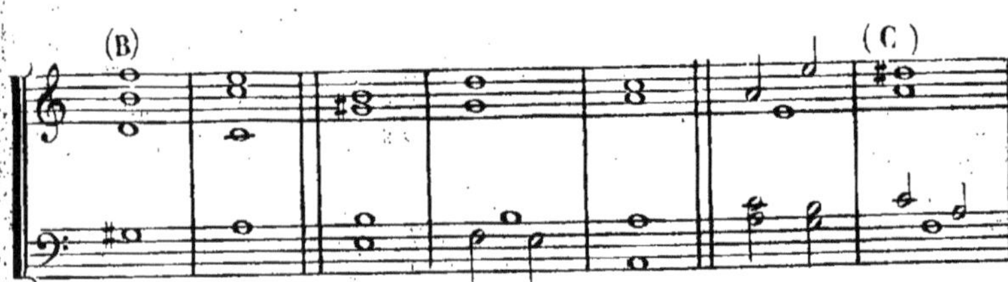

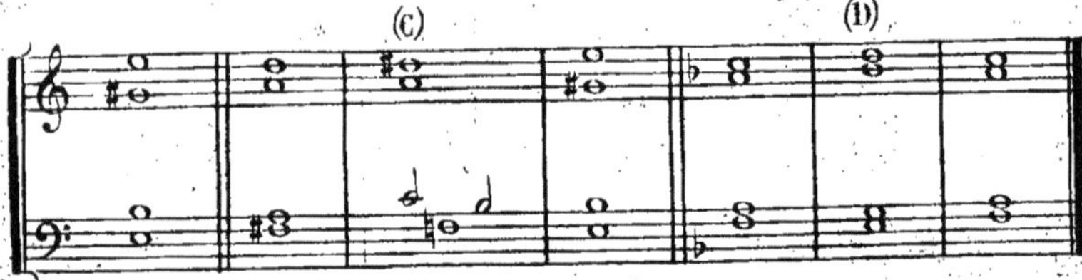

No. 102.

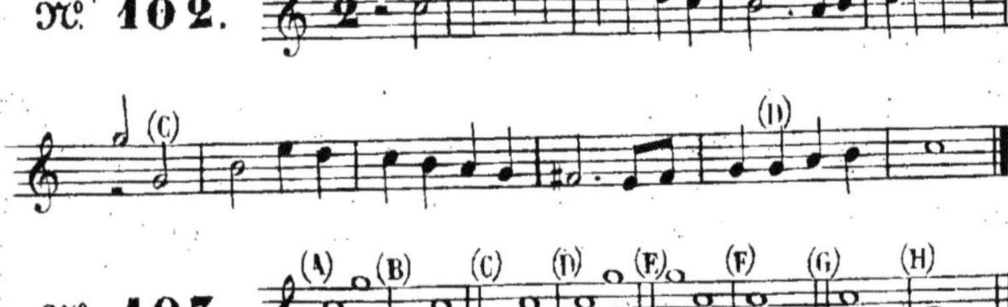

No. 103.

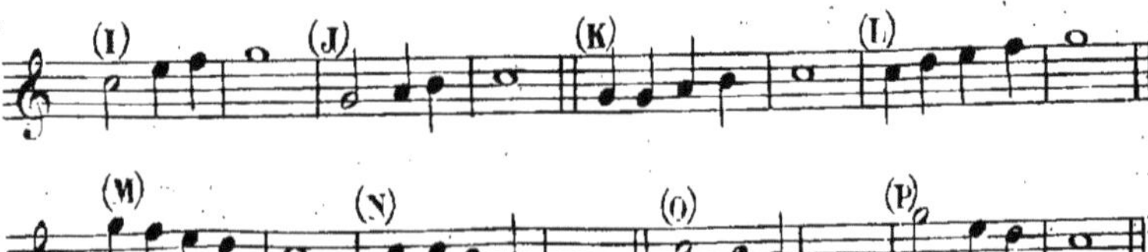

Nᵒ 104.

Nᵒ 105.

Nᵒ 106.

Nᵒ 107.

Sujet.
Coda.

Nᵒ 108.

Contre sujet.
Réponse du sujet.
Réponse du
Sujet..

Réponse du sujet.
Contre sujet.

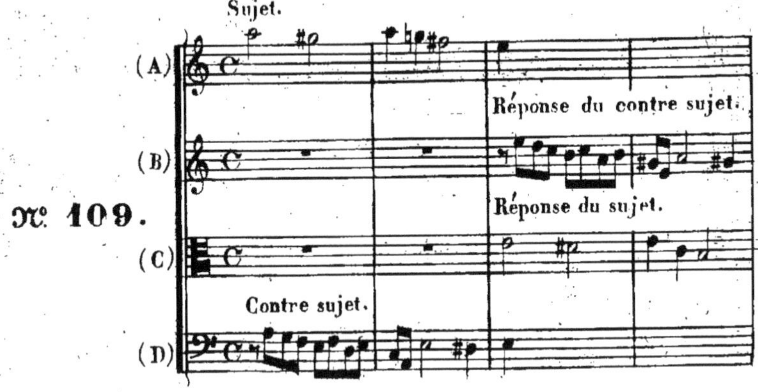

Sujet.
(A)
Réponse du contre sujet.
(B)
N.º 109.
Réponse du sujet.
(C)
Contre sujet.
(D)

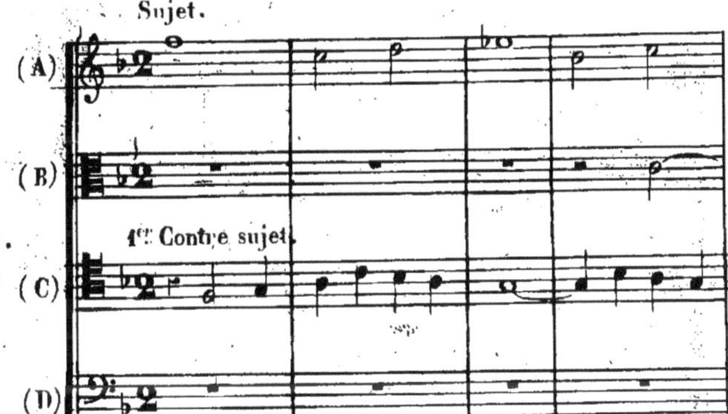

Sujet.
(A)
(B)
N.º 110.
1.er Contre sujet.
(C)
(D)

2.e Contre sujet.
Réponse.
Réponse.

Réponse réelle du 2me.
du 1er. C. sujet.
du sujet.

Coutre sujet.
Contre exposition.
Sujet.

2me. C. sujet.

Fugue réelle à deux parties par _ Cherubini.

N°. 111.

Réponse à la Dominante.
Queue qui se lie au Contre sujet.
Queue prolongée
dans les deux parties afin de faire desirer la rentrée du sujet.
sujet dans la partie superieure
Contre sujet.
Réponse dans la partie grave.

Episode ou divertissement pris dans la 2de partie
du sujet, qui module à la dominante en finissant, afin que la partie
Sujet
supérieure rentre par la réponse, puisque la fugue a commencé par le
sujet à la partie grave.
Contre sujet.
Contre sujet.
Sujet.

Divertissement composé d'une portion du sujet et du contre sujet
dans lequel on module, et on le termine en modulant à la sixte,
mode mineur relatif du ton principal.
Sujet dans le mode de
Dès cet endroit jusqu'a
la sixte.
la strette, la fugue prend le caractère de la fugue d'imitation.

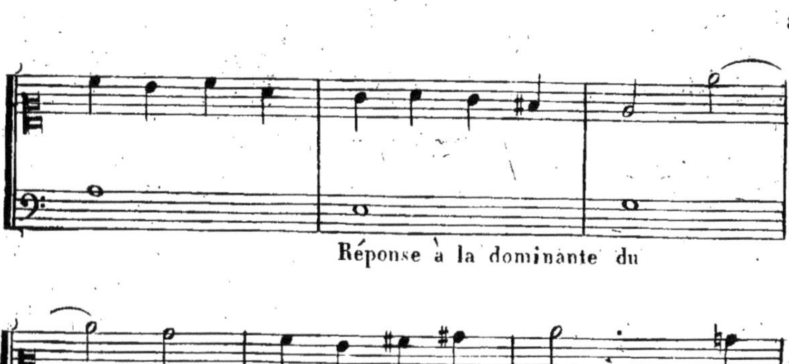

Réponse à la dominante du

mode de La mineur.

Sujet à la 2.de mode mineur.

sujet à la sous dominante.
Modulation.
Interruption du sujet pour commencer en modulant un autre
divertissement combiné avec une partie du contre sujet.
Fin du divertissement.
Repos à la dominante.
STRETTE.
Sujet.

Réponse.

Sujet tronqué qui
Réponse tronquée par laquelle on établit l'antecédent d'un ca_

devient le conséquent du_canon.
_non très court.

Queue et conclusion.

N°. 112.

PIANO OU ORGUE.

Episode de 3 mesures.
Réponse.
Contre exposition.
Contre sujet.
Sujet.
Réponse.
Episode.

Sujet en la mineur.
Réponse.
Contre sujet.
Contre sujet.
Sujet.
Episode.

contre sujet.
sujet en fa.
contre sujet.
sujet.
Réponse.
contre sujet.
Préparation pour
Stretto..
sujet.
le Stretto.
sujet.
Réponse.

Renversement.
Réponse.
Sujet.
Pédale.
Conclusion.

Allº moderato.
FUGA.
89
Nº 113.
FLAUTO.
OBOE.
CLARINETTI.
in B fa.
CORNI
in Mi b.
TROMBE
in Ut.
FAGOTTI.
OPHICLEIDE
et
TROMBONE.
TIMPANI
COPERTI
in Do Sol.
VIOLINI.
ALTO VIOLA.
SOPRANI.
Pi _ e Je _ su Do _ mi _
CONTRALTI.
TENORI.
Pi _ e Je _ su Do _ mi _
BASSI.
Pi _ e Je _ su Do _ mi _
VIOLONCELLI.
et
CONTRA BASSI.
Allº moderato.

_ne do _ _ na e _ is re _ qui _ em
_ne do _ _ na e _ is re _ qui
_ne do _ _ na e _ is re _ qui

mezzo f
Pi _ e Je _ su Do _ mi _ ne do _ na
_ em Pi _ e Je _ su Do _ mi _ ne do _ na
_ em.

mf
e _ is re _ _ qui _ _ em Do _ na
Pi _ e
e _ is re _ _ _ qui _ em Pi _ e
Pi _

e - is re - - qui - em
Je - su Do - mi - ne Do - - na
Je - su Do - mi - ne Do - na
- - e Je - su Do - mi - ne Do - na

unis
do _ na re _ qui _ em Pi _
e _ is re _ _ qui _ _ _ em
e _ is re _ qui _ em
Pi e
e _ is re _ qui _ em Pi _ e
e _ is re _ _ qui _ em Pi _ e

- - e Je - su Domi - ne Do - na
re - - - - qui - em
Je - su Do - mi - n Do - - na
Je - su Do - mi - ne Do - na

unis
e _ is re _ _ _ qui _ em Pi _ e
do _ na re _ qui _ em Pi _
e _ is re _ _ qui _ _ em do _ na
e _ _ _ is
Pi _ e
Tutti

8ᵃ
Je _ _ su Do _ mi _ ne do _ na
e
Je _ su Do _ mine Do _ na
e _ is _ re _ _ _ qui _ em do _ na
Je _ su Do _ mi _ ne do _ _ na

loco.
e - - is
e - is re - - qui - em
do - na
e - - is do - na e - is
e - is re - qui - - em

e _ _ _ is   do . _ na   e _
do _ na   e _ _ is   re _ qui _ em   do _
re _ qui _ em   do _ na   e _ is
do _ na   e _ _ is   do _

_is do _ na re _ _ qui _ em
_na e _ is do _ na e _ is
do _ na e _ _ is re _ _
_ _ na e _ is do _ na do _ na e _ is

Pi _ e Je _ su do _ mi _
re _ qui _ em
Je_
_ qui _ em Pi _ e Je _ su
re _ qui _ em

_ne. Do _ _ na e _ is re _ _
_su Domi _ ne Do _ na e _ is re _ _
Do _ mi _ ne Do _ na e _ is re _ _
Do _

_qui _ _em do _ na e _ is re_qui _ em
_ _ _ qui_em do _ na e
_ _ _ qui_em do _ _ na
na e is re _ _ qui

do _ _ na e _ is
_ is re _ _ _ _ qui _ em
e _ is re _ _ _ qui _ em
_ em do _ na e _ _ is

Unis.
Unis.
re — qui — em
Pi — e Je - su
re — qui — em Pi — e
re — qui — em

Pi _ _ _ e
Je _ su
Do _ mi _ ne Do _ _ na
e _ is
Je _ su Domi_ne
Do na
Pi _ e
Je _ su
Do _ mi_
Violon.
Contra _ Bassi.

Do_mine do _ na e _ _ is re _
re _ qui _ em do _ na do _ _
e _ is do _ na e _ _ _ _ _
_ne do _ _ na e _ is re _ _ _
Unis.

Le haute contre propose une nouvelle figure pour servir de
qui _ em do _ _ _ na
_ _ _ na do _ na e _ is
_ is do _ na e _ is re _
_ qui _ _ _ em do _ na e _ is

divisi
theme au finale:
re _ qui _ em do _ _ _ _ na
re _ qui _ em do _ _ _ _ na
_ _ _ qui _ em do _ _ _ _ na
re _ qui _ em do _ _ _ _ na

8a
e - - - - - - is   re - - qui -
e - - - - - - is   re - - qui -
do - - na   e - is   re - - qui -
do - - na   e - is   re - - qui -

2do
1o Solo.
2do
1o Solo.
Uniti.
_ em
_ em
_ em
_ em
p

1º Solo.
p
p
Pi _ e
Pi _ e Je _ su Do _ mi
Pi _ _ e Je _ su
Violone. p

1º Solo.
p
Je _ su do _ _ mi _ ne
_ ne do _ _ na e _ _ is Pi _
Pi _ e Je _ su Do _ mi _
Do _ mi _ ne Pi _ e

Pi _ e
_ _ e Je _ su Do _ mi _ ne
_ne Pi _ e Je _ su
Je _ su Do _ mi _ ne do _

Je _ su Do _ mi _ ne _ _ _ do _ na
do _ na e _ _ is re _ _ _
do _ _ na e _ _ _ is
_ _ na e _ is re _ _ _

tutti.
tutti.
cres.
cres.
e - - is do - na e - - is
- - - qui - em
re - qui - em do - na e - is re -
qui - - - em do - na e - - is
tutti.
cres.

tutti.
do — na e — is re — qui — em Pi —
Pi — e Je — su do — — mi —
— qui — em e — — is Pi — e
re — — qui — em Pi — — —

_ _ e   Pi _ _ e   Je _ su
_ ne   Je _ su   Do _ mi _ ne
Je _ su   Do _ _ mi _ ne
_ e   Je _ _ _ _ su

Do _ mi ne do _ na
do _ na e _ is
do _ na e _ _ _ is re _
Do _ _ _ mi _ _ _ ne

8
e _ _ _ is do _ na e _ _ is
re _ qui _ em do _ _
_ _ _ qui _ em do _ _ _ na
do _ _ _ _ na e _ _ _

loco.
re _ quiem do _ _ _ na
_ na e _ is do _ _ _ na
e _ is re _ _ qui _ em do _ na
_ is re _ _ qui

e
is
re
qui
e
is
re
qui
e
is
re
qui
em
a

_em do _ _ _na re _ qui em do _
_em do _ _ _na e _ is do _ na
_em do _ _ _na e _ is do _ na
_men do _ na e _ is re _ qui _ em do _
ff

_ _ na   e _ is   re _ qui _ em
e _ is   re _ _ _ qui _ em
e _ _ _ is   re _ qui _ em
_ _ na   e _ is   re _ qui _ em
Violone
Contrab.

p
p
p tremolo.
p tremolo.
_ men p Do _ _ _ _ na e _ is
_ men p Do _ _ _ _ na e _ is
_ men p Do _ _ _ _ na e _ is
_ men p Do _ _ _ _ na e _ is
p

p
p
re   qui   em
re   qui   em
re   qui   em
re   qui   em

p
p
A — — — — — — men
A — — — — — — men
A — — — — — — men
A — — — — — — men

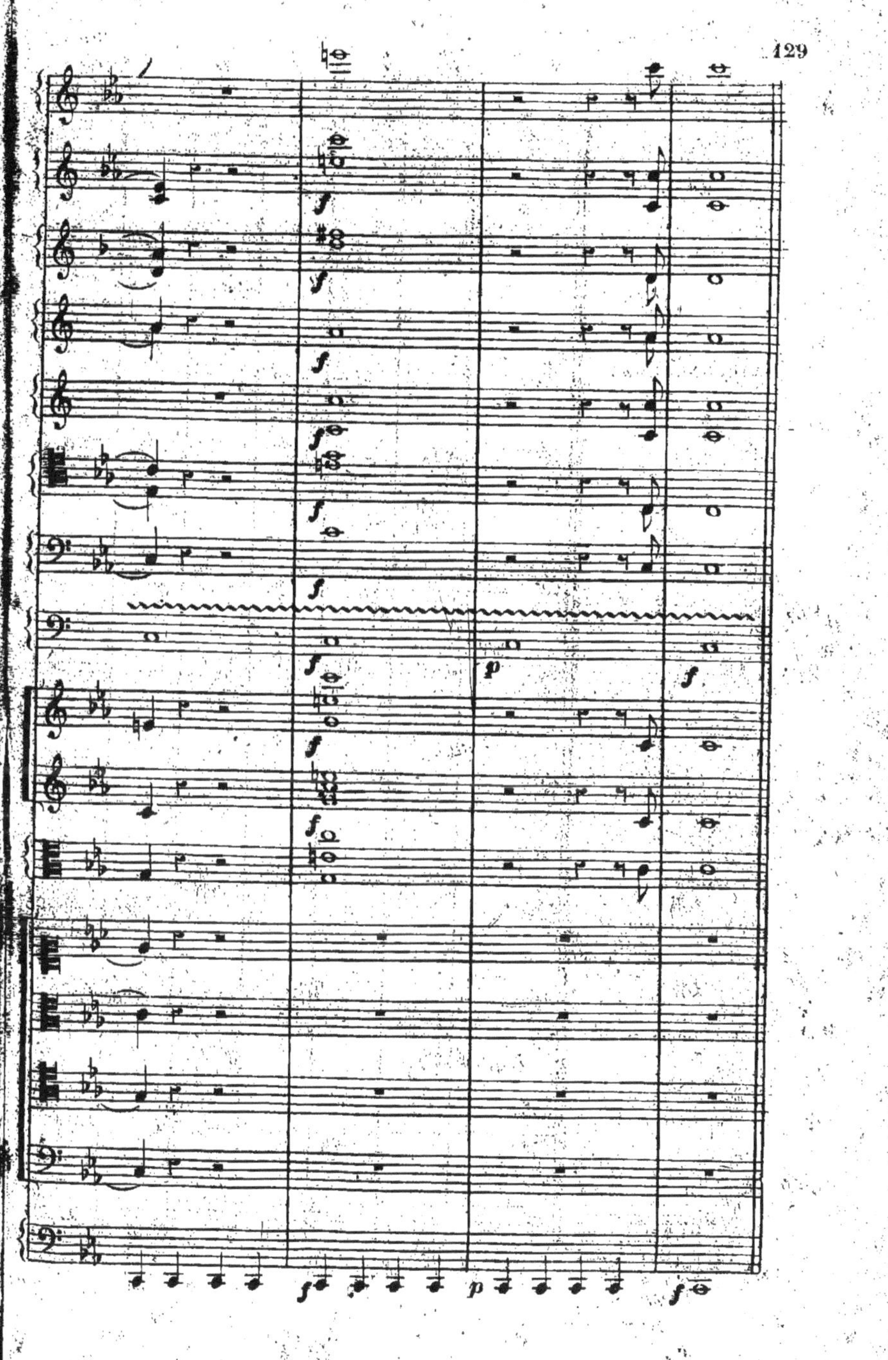

N° **114.**

VIOLON.

ALTO.

VIOLONCELLE.

CONTRE-BASSE

Id:

Id:

GUITARE.

HARPE
de
simple mouvement.

Id:
à
double mouvement.

PIANO.

ORGUE.

Suivez.

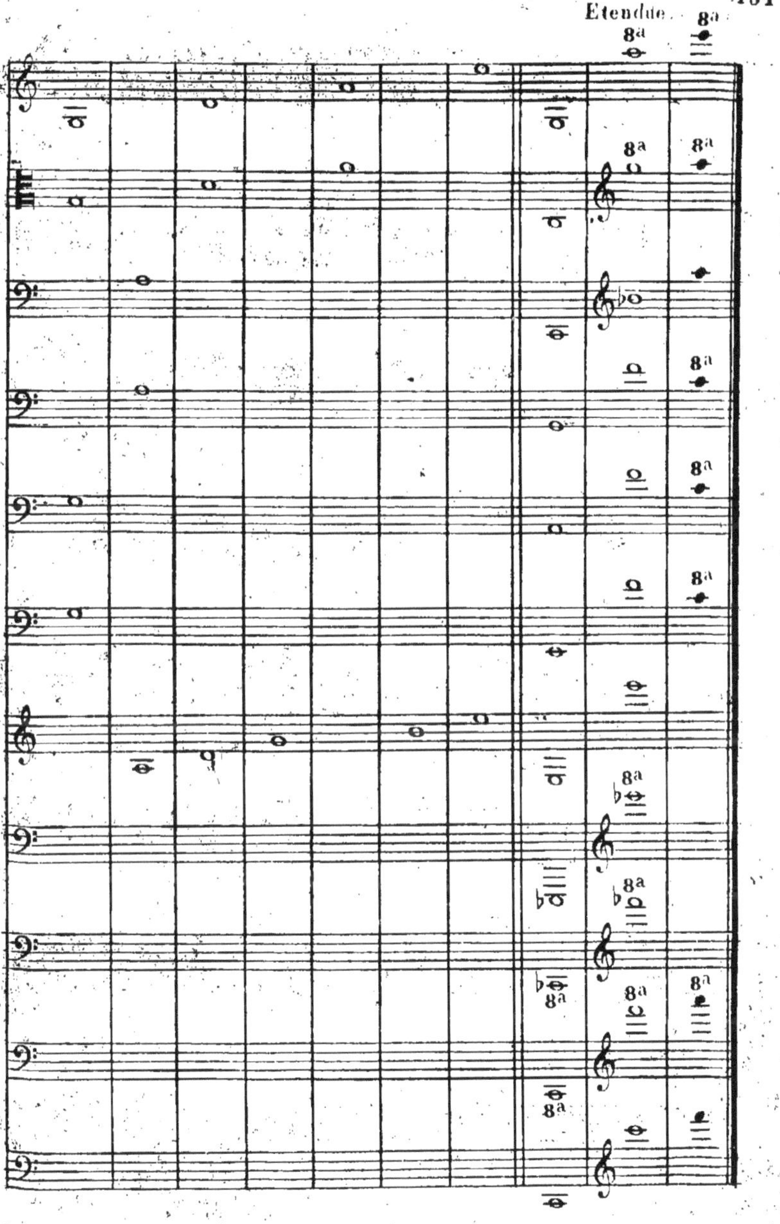

Etendue.
8a
8a
8a
8a
8a
8a
8a
8a
8a
8a
8a
8a

132

DIAFASON DES INSTRUMENTS À VENT

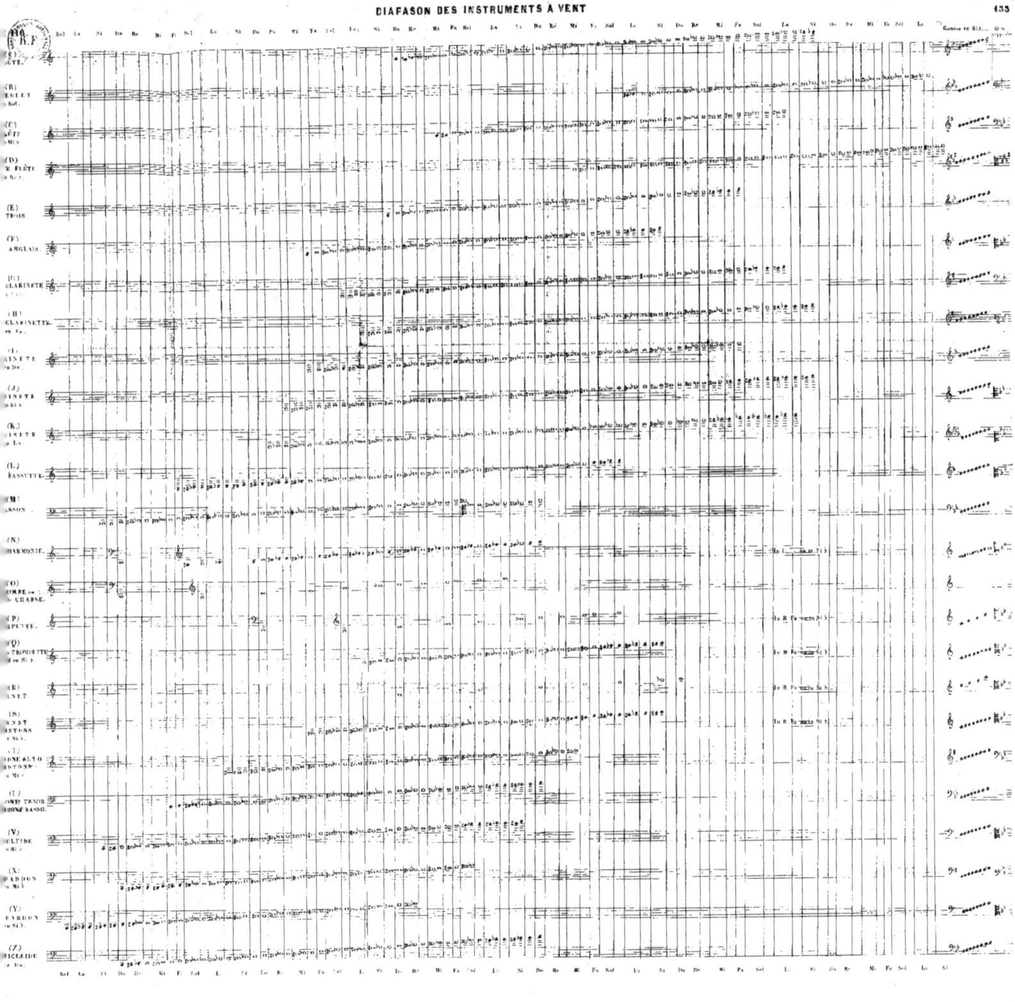

www.ingramcontent.com/pod-product-compliance
Ingram Content Group UK Ltd.
Pitfield, Milton Keynes, MK11 3LW, UK
UKHW021917070726
13614UKWH00001B/89